O cão

em nossa casa

CB019464

Théo Gygas

O cão
em nossa casa

como **criar, tratar** e **adestrar**

Edição revista e atualizada

Consultoria técnica:
Miriam A. dos Santos
Priscila Lotufo

EDITORA
Gaia

© Théo Gygas, 2002

1ª EDIÇÃO, DISCUBRA – DISTRIBUIDORA CULTURAL BRASILEIRA LTDA., 1958
42ª EDIÇÃO, EDITORA GAIA, SÃO PAULO 2007
1ª REIMPRESSÃO, 2011

Diretor-Editorial	*Revisão*
JEFFERSON L. ALVES	ANA CRISTINA TEIXEIRA
	JOÃO REYNALDO DE PAIVA
Diretor de Marketing	
RICHARD A. ALVES	*Consultoria Técnica*
	MIRIAM A. DOS SANTOS
Gerente de Produção	PRISCILA LOTUFO
FLÁVIO SAMUEL	
Assistente-Editorial	*Projeto Gráfico e Capa*
ANA CRISTINA TEIXEIRA	REVERSON R. DINIZ
Ilustrações	*Foto de capa*
AVELINO GUEDES	GK HART/VIKKI HART/GETTY IMAGES

Dados Internacionais de Catalogação na Publicação (CIP)
(Câmara Brasileira do Livro, SP, Brasil)

Gygas, Théo
    O cão em nossa casa : como criar, tratar e adestrar / Théo Gygas ; consultoria técnica Miriam A. dos Santos, Priscila Lotufo. – 42. ed. rev. atual. e ilustrada. – São Paulo : Gaia, 2007.

    Bibliografia
    ISBN 978-85-7555-107-3

    1. Cães 2. Cães – Adestramento 3. Cães – Criação 4. Cães – Cuidados I. Título

06-4650   CDD-636.7082

Índices para catálogo sistemático:

1. Cães : Criação   636.7082

Direitos Reservados
 EDITORA GAIA LTDA.
(pertence ao grupo Global Editora
e Distribuidora Ltda.)

Rua Pirapitingui, 111-A – Liberdade
CEP 01508-020 – São Paulo – SP
Tel.: (11) 3277-7999 – Fax: (11) 3277-8141
e-mail: gaia@editoragaia.com.br
www.globaleditora.com.br

Obra atualizada
conforme o
**Novo Acordo
Ortográfico da
Língua
Portuguesa**

Nº DE CATÁLOGO: **2373**

O cão
em nossa casa

Sumário

Relações entre o homem e o cão 9
As boas intenções às vezes falham. Por quê?. 10
Os culpados somos nós 11
A infelicidade dos cãezinhos 12

A escolha de um cão e a "posse responsável". 13
A compra de um cão. 15
Adoção: uma possibilidade válida e gratificante. 22

Cuidados com o cão filhote e adulto. 25
Alimentação 25
Dentição 27
Saúde e cuidados veterinários 28
Higiene 32
Controle de ectoparasitas 32

O cão idoso. 35

As principais doenças que afetam os cães. 37
Zoonoses. 37
Outras doenças 39

Importância e benefícios da castração 43
Prevenção de doenças 43
Melhora do comportamento 44
Controle populacional 44

Os grupos de raças caninas 45

Educação, responsabilidade e cidadania 47

Prevenir é mais fácil do que remediar. 49
Palavras iniciais 49
A educação tem dois lados 50
O cão como dono da casa. 53
Como estabelecer limites. 57

O ensino do cão 73
Examine-se primeiro. 73
Em que consiste o ensino 75
Em que idade começar 75
Contratar ou não um adestrador 76
O que ensinar 76
Que método utilizar. 77
Acostume seu cão à coleira 78
Que equipamento usar 79
O comando "junto!". 85
O comando "vem!" ou "aqui!" 87

O que fazer quando o cão escapa 90
Buscar e devolver o brinquedo. 91
Incentive seu cão a gostar dos brinquedos. 91
O comando "senta!". 94
O comando "dá a pata!" 95
O comando "deita!" 97
O comando "fica!" 98
Aperfeiçoamento dos comandos 100
O comando "não!". 104
Truques 106

Dicas para resolver problemas de comportamento mais comuns. 111
Pulos nas pessoas 111
Urina e fezes fora do lugar adequado 112
Buracos na terra 113
O cão que come fezes. 114
O cão que rouba alimentos 115
Treinamento antienvenenamento. 116
Treinamento para exposições 117
Treinamento de ataque 119

Esportes e competições 121
Agility 121
Pastoreio 122
Schutzhund 123
Frisbee. 124
Mondioring 124
Game dog. 125
Flyball 125
Freestyle 126
Rally de obediência 126

Benefícios do convívio com cães 129

Seu cão pode ajudar e muito 131
Atividade Assistida por Animais ou Pet Terapia 132
Terapia Assistida por Animais. 132
Assistência a deficientes. 132

Curiosidades sobre os cães 135
A inteligência. 135
O olfato. 136
A visão 137
A audição 138

Noções de Primeiros Socorros 139
Medidas de emergência a ser adotadas 140

Referências bibliográficas 143

Relações entre o homem e o cão

De todos os animais que conhecemos, o cachorro é o que mais se uniu a nós. Sejam seus donos príncipes que lhe dão farta comida e leito de plumas, ou mendigos que dormem ao relento e só podem lhe oferecer uma pequena parte das suas próprias migalhas: idêntica é a sua afeição e dedicação, e com igual amor lambe tanto a mão ornada de joias como os dedos trêmulos, consumidos de doenças e de fome.

Para o cachorro o tempo parou. O que vale para ele é ainda o coração, e sua devoção provém de uma época romântica. Sua alma, incólume ao século nervoso das bombas atômicas e das viagens interplanetárias, não conhece malícia e falsidade; com a mesma alegria natural, ele nos acompanha na chuva torrencial e no forte calor: sempre o amigo mais fiel do homem.

Convivência com animais é uma característica do cão

Mas essa entrega completa ao homem e o nosso domínio absoluto sobre um ser que não tem alternativa de optar por um ou outro dono impõem-nos, além da obrigação de lhe dar comida e teto, o dever de tentar compreendê-lo, de descobrir seu gênio, enfim, de amar esse amigo que encadeamos à nossa existência.

A inteligência do cão, seu caráter, seu poder de observação e sua capacidade de agir com uma aparente compreensão íntima não devem, no entanto, iludir-nos. Ele continua sendo um animal que a natureza criou. Se ela o dotou de grande devoção, boa vontade de subordinar-se e tendência a obedecer a um espírito forte, cabe a nós coordenar esses dons e fazê-los úteis.

As boas intenções às vezes falham. Por quê?

A falta de conhecimentos mais profundos e do bom-senso indispensável são quase sempre os motivos que forçam o cão a levar uma vida que não corresponde à sua natureza. Consequência: o animal, não se sentindo bem, torna-se renitente; o homem interpreta essa renitência como sinal de mau-caráter; as relações, já pouco satisfatórias, pioram, e passam para a desconfiança mútua: o homem desanima, o cachorro está estragado.

Todavia, o mesmo animal nas mãos de uma pessoa que lhe proporcione existência mais congenial – que tente penetrar a psique canina e saiba transmitir--lhe de modo inteligível suas intenções – desenvolver-se-á como um ótimo cachorro, manso, disciplinado, incondicionalmente dedicado ao seu dono.

Realmente, não existe uma única razão para que cada um de nós não possa ter um cão bondoso, infalível amigo da família. Como você verá mais adiante neste livro, são as nossas próprias atitudes que – em regra e apesar das boas intenções – nos conduzem, às vezes, a malogros.

Will Judy, que foi juiz em exposições caninas em quase todos os países sul--americanos e que é, sem dúvida, um dos maiores conhecedores de cães, respondeu assim à pergunta "por que adquirir um cão?":

> A fim de esquecer-se dos desgostos ou das preocupações do dia, quando, ao voltar à casa, for recebido por um animal cujo coração só bate por você e que não acredita na possibilidade de uma separação.

Em outra ocasião, respondendo à mesma pergunta, Judy afirmou:

> Para que os filhos, crescendo junto dos cães, tenham na benignidade e na solicitude, na dedicação e na obediência – qualidades inerentes ao cão – bons exemplos para a própria vida.

De fato, não é exagero afirmar que um cachorro pode formar um homem.

É bom lembrar que dono e cão vivem melhor juntos desde que os temperamentos correspondam. Quem é dotado de caráter vivo não gostará muito de um cão pacato, que precisa sempre de estímulo para locomover-se. E aquele que aprecia uma vida calma por certo se sentirá desesperado quando o seu cão, impetuoso, pular para lá e para cá, convidando-o a todo momento para brincar. Mas há os que nunca se dariam bem com cachorros: os coléricos e nervosos. Estes estragariam qualquer cão que possuíssem.

Crédito: Miriam A. dos Santos

O cão estabelece uma amizade fiel ao seu dono

O dono é um deus para o seu cão. Incondicionalmente e negligenciando a própria vida, é dedicado e não deixa passar uma única oportunidade sem lhe transmitir a sua declaração de amor. O cão pode tremer de medo na mesa do veterinário que lhe aplica uma ligeira injeção, mas tolera calmamente um tratamento bastante doloroso nas mãos do seu senhor. Somente este tem sua plena confiança, e ao seu lado ele nada temerá.

Os culpados somos nós

Nunca se deve deixar que um cão se desenvolva fisicamente sem passar pelo menos pelas instruções básicas. Com "instruções básicas" quero dizer em primeiro lugar "civilizar", iniciar a educação do filhote. Corrigir, enfim, certos hábitos para nós desagradáveis mas que, para o cão, frequentemente são passatempos.

Por exemplo: achamos engraçado se um filhotinho brinca com um sapato maior do que ele. Com toda a energia, ele tenta puxar aquele "monstro" com seus dentinhos que quase não têm força para dominar a presa. Quando, porém, o mesmo cachorro alguns meses mais tarde rasga o sapato, aborrecemo-nos e o castigamos. Por quê? Como o cão pode saber que não deve mais brincar com essas coisas, justamente quando é capaz de parti-las com os dentes? Quem tem culpa? O cachorro cometeu o mesmo "crime", só que na primeira vez achamos graça e na outra o condenamos.

Por isso, um conselho: não acostume o filhote a aventuras que não deseja que ele repita quando se tornar um cão adulto.

Lembre-se também de que (ao lado de suas paixões principais – que são comer e reproduzir-se) o cachorro desenvolve uma necessidade especial: a de agradar seu dono.

Um cão nunca esconde seu orgulho por um trabalho bem executado e sua alegria quando, em seguida, é elogiado pelo dono. Explorando essas qualidades do nosso amigo e prevalecendo-se da sua satisfação, você conseguirá ótimos resultados na difícil arte da instrução canina.

A infelicidade dos cãezinhos

Talvez você não se recorde de como lhe surgiu pela primeira vez a ideia de ter um cão.

Mas existem muitas pessoas que, observando um filhote e divertindo-se com suas travessuras, sentem subitamente o desejo de adquirir tal "brinquedo". E o fazem sem levar em conta que esse bebê será um dia um cachorro adulto, depreciando por completo quanto trabalho exige um cão bem tratado.

"A infelicidade dos cãezinhos novos é o seu aspecto burlesco, o seu gracejo desajeitado", disse certo dia um criador de cães. E isso é uma triste verdade.

A escolha de um cão
e a "posse responsável"

Ter um animal de estimação em casa é muito gratificante. Particularmente com relação aos cães, podemos dizer que são verdadeiros amigos; eles nos oferecem proteção, companheirismo, nos divertem e consolam, permanecendo ao nosso lado seja nas horas alegres, seja nas tristes.

A presença e companhia de um animal de estimação em casa também é benéfica para a saúde: já está comprovado que os animais podem tirar pessoas de fases de depressão ou de humores negativos. Além disso, a presença e companhia de um cão pode ajudar a reduzir a pressão arterial e a prevenir doenças cardíacas, por meio da realização de caminhadas diárias com ele.

Entre outros benefícios que o cão pode nos proporcionar, podemos citar o estímulo social que traz à família: falar do cão, cuidar dele, brincar e interessar-se por ele; a sensação de proteção (no caso dos cães de guarda) e a educação das crianças, que desde cedo aprendem a ter responsabilidade ao tratar de seu animal de estimação. Já na sociedade, o cão exerce um papel extremamente importante, colaborando no trabalho de profissionais (por exemplo, como os cães farejadores) e promovendo o bem-estar das pessoas (como os cães-guias e "cães terapeutas").

No entanto, quando pensamos em adquirir um cão de estimação, qualquer que seja sua espécie, devemos levar em conta que teremos um companheiro por um longo período, o qual exigirá atenção, cuidados especiais e tempo; além de gerar custos. Em suma, precisamos nos ater ao fato de que deveremos ser responsáveis por ele e respeitá-lo sempre: essa é a ideia da "posse responsável", hoje defendida e divulgada por médicos-veterinários e entidades protetoras de animais com o fim de prevenir equívocos – muitas vezes de tristes consequências – na relação entre estes e seus proprietários.

Particularmente com relação ao cão, o correto é escolher um que se adapte ao nosso estilo de vida e temperamento, sem deixar de atentar às características da personalidade do animal.

Para tal escolha, também devemos considerar os seguintes fatores – essenciais para quem quer ter uma convivência sadia e feliz ao lado do seu cão:

• **Espaço:** quem pretende ter um cão em casa deve perguntar-se, antes de mais nada, para que o deseja e onde pode acomodá-lo. Por exemplo: se você reside num apartamento e quer ter um animal de companhia, nunca escolha cães de raça de grande porte ou de temperamento agitado. Os primeiros necessitam de espaço para se exercitar, e os últimos para correr, brincar e gastar suas energias. Se, porém, você reside em uma casa, deve definir se tenciona possuir um animal para guarda, companhia ou ambos, e verificar se dispõe de área suficiente para a movimentação do animal.

O Instituto de Proteção aos Animais do Brasil (Ipab) perdeu a conta dos animais que protege

• **Tempo:** o tempo de que você dispõe para dedicar diariamente a seu cão é outro fator que exige reflexão.

Se você mora em um apartamento, lembre-se de que seu animal precisará passear no mínimo três vezes ao dia, para se exercitar e fazer suas necessidades fisiológicas, caso não haja um local reservado para essa finalidade na residência.

Os cães também necessitam da atenção e do carinho do dono. Portanto, independentemente de morar em casa ou apartamento, você deve se perguntar se terá tempo e paciência para educar seu animal, brincar com ele e cuidar de sua higiene e saúde (escovar os pelos, os dentes, levá-lo ao veterinário etc.). Cães de pelo comprido, por exemplo, são muito bonitos, mas exigem mais cuidados e mais tempo, pois precisam ser escovados com maior frequência.

• **Custos:** manter um animal de estimação em casa gera custos. Além dos gastos com alimentação de qualidade, banhos periódicos e tosas em pet shops (no caso de animais de pelo longo), quando adquirimos um cão também temos despesas para manter sua saúde; esta que é imprescindível tanto para seu bem-estar quanto para o da família, pois animais podem transmitir doenças aos seres humanos, chamadas zoonoses.

Essas doenças podem ser evitadas por meio de consultas periódicas ao médico-veterinário, o profissional mais bem preparado para orientá-lo sobre a saúde de seu cão.

Todos esses cuidados acarretam gastos, entre os quais podemos citar os de vacinação, vermifugação, os relativos a medicamentos para o controle de ectoparasitas (pulgas e carrapatos) etc. Devemos lembrar, também, que um cão, como qualquer outro ser vivo, está sujeito a desenvolver alguma doença ou a sofrer algum acidente no decorrer de sua vida; por isso, é aconselhável que estejamos sempre preparados para surpresas desagradáveis, de modo a cobrir custos inesperados em razão de alguma doença ou emergência.

A compra de um cão

Se você decidiu adquirir um cão de forma consciente, após refletir sobre os pontos comentados, chegou o momento de observar alguns critérios importantes para realizar essa aquisição. São eles:

• **Onde comprar:** existem vários locais onde um animal pode ser adquirido, tais como feiras de exposição, canis especializados e pet shops. Mas atenção: ao se interessar por determinado cão, verifique sua procedência, a fim de não adquirir um animal doente ou com distúrbios de comportamento. Enganos dessa natureza ocorrem com frequência, pois muitas pessoas, ao entrar em contato com animais – especialmente filhotes –, se deixam levar pela emoção e acabam por comprá-los por impulso, sem se informar sobre o local de onde vieram e as condições em que foram criados. Aliás, várias lojas e pet shops comercializam filhotes sem declarar sua procedência, o que nos impede de conhecer o histórico do animal (espaço em que foi criado, higiene, acompanhamento veterinário) e, assim, de avaliar se ele é proveniente de criações confiáveis, se pode estar incubando uma enfermidade ou se possui predisposição para doença genética (como a displasia coxofemoral, por exemplo).

A intensa exposição durante a venda na fase em que o cão está mais suscetível a adquirir doenças (pois está iniciando seu esquema vacinal e corre o risco de se contaminar), também é um fator a ser ponderado. O fato de o filhote ficar em gaiolas, algumas delas mal adaptadas, pode afetar seu desenvolvimento comportamental, ocasionando distúrbios desse gênero no futuro.

O mais seguro, portanto, é comprar um cão em canis ou lojas especializadas, que ofereçam todas as garantias e que atestem oficialmente qual é o criador de origem do filhote.

Sempre que possível, peça a indicação de alguém que já tenha utilizado os serviços de estabelecimentos desse tipo, ou de algum profissional da área. O ideal é visitar o local acompanhado de um médico-veterinário ou adestrador, para verificar com rigor as condições de higiene e limpeza em que os animais são criados ou alojados, o estado de saúde do cão (execução de vermifugações e vacinações de acordo com a idade, sempre a cargo de um médico-veterinário) e realizar uma avaliação física do animal (observando sua pelagem, seus ouvidos e a presença de ectoparasitas). No caso de raças mais suscetíveis a desenvolver displasia coxofemoral (Pastor-alemão, Rottweiler, Golden Retriever, por exemplo), exija o atestado negativo dos pais e avós.

Verifique também as relações de parentesco entre os animais da linhagem de que descende o filhote. Jamais adquira um cão que seja filho de irmãos, de pais e filhos ou vice-versa, pois esses cruzamentos propiciam o desenvolvimento de doenças congênitas que não têm cura ou que, eventualmente, podem levar à morte.

Crédito: Fábio Colombini

Filhote se alimentando sozinho

• **Idade:** naturalmente, os filhotes são mais engraçadinhos; agradam-nos e nos conquistam à primeira vista. Entretanto, algumas razões podem nos levar a preferir um cão mais velho. Por exemplo, se você deseja uma boa companhia e pretende tê-la já para sair a passeio, um cão adulto e jovem é a opção adequada, pois seu esquema de vacinação já estará em dia e ele será mais independente.

Se escolher um filhote, considere que ele exigirá mais atenção e cuidados durante o início de seu crescimento, pois é por meio do contato constante que ele desenvolve um bom relacionamento com as pessoas. Além disso, um animal jovem precisa de treinamento para aprender a viver dentro de casa.

Antes de ser colocado numa família, o filhote deve ter passado por algumas etapas. É preciso que tenha vivido o tempo suficiente junto da mãe, que o ensina a assumir sua identidade de cão. É um erro comprar um filhote antes de 10 semanas de idade.

Ao se decidir por um cão mais velho, assegure-se de que ele já foi treinado para viver dentro de casa. Um cão que esteve por muito tempo em um canil, por exemplo, provavelmente não recebeu tal treinamento. Descubra por que ele necessita de um lar; e seja paciente, pois algumas vezes o animal pode se mostrar nervoso ou agressivo por ter sofrido algum trauma no passado, ou aprontar alguma travessura em razão da educação que não recebeu.

• **Raça:** ao escolher um exemplar de determinada raça, devemos levar em consideração o papel que ele tenderá a desempenhar de acordo com seu temperamento e tamanho, procurando ler e nos informar sobre suas exigências peculiares, as quais devemos avaliar se conseguiremos satisfazer.

De modo geral, um cão de raça pequena, algumas vezes mais temperamental, necessitará de menos espaço que um cão de tamanho médio. O cão de raça grande, por sua vez, precisa sempre de uma área ampla para viver.

Reflita bem antes de optar por um determinado tamanho: cães de raças grandes e gigantes são muito bons para guarda e segurança, mas, além de necessitarem de espaço maior, geram despesas elevadas com alimentação e medicamentos, tanto preventivos quanto curativos, pois as dosagens são calculadas de acordo com o peso do animal.

Quatro das inúmeras raças de cães

Considere também os cuidados com a pelagem: raças de pelo longo exigem maior cuidado, pois precisam ser escovadas com mais frequência e tosadas periodicamente.

Determinadas raças estão sujeitas a defeitos hereditários e apresentam uma predisposição maior a certas doenças. Procure se informar sobre a maneira de evitá-las, consultando a literatura sobre o assunto ou um profissional da área.

A tabela a seguir relaciona algumas das raças mais conhecidas, e suas respectivas predisposições a determinadas doenças.

PRINCIPAIS AFECÇÕES CONGÊNITAS E HEREDITÁRIAS EM CÃES

Raça	Afecção
Airdale Terrier	Distrofia corneana Distiquíase Atrofia retiniana progressiva
Akita	Distrofia corneana Entrópio Síndrome de Vogt-Koyanagi-Harada Pênfigo foliáceo
Staffordshire American Terrier	Catarata Lábio leporino ou palato fendido Entrópio
Husky Siberiano	Afecções oculares Ectopia dos ureteres
Bassethound	Anomalia da terceira vértebra cervical Entrópio Ectrópio Glaucoma Osteodistrofia
Beagle	Dermatite atópica Catarata Lábio leporino ou palato fendido Microftalmia

A escolha de um cão e a "posse responsável"

Raça	Doenças
Pastor-belga	Epilepsia Discopatia intervertebral Hipoplasia renal
Bichon Frisé	Catarata Epilepsia Displasia coxofemoral
Border Collie	Catarata Entrópio Epilepsia Luxação de patela
Boxer	Atrofia retiniana progressiva Luxação de cristalino
Buldogue	Dentição anormal Acne Atopia Cistos dermoides Distiquíase Mastocitoma Pododermatite Má-formação cardíaca
Bull Mastiff	Dentição anormal Acne Lábio leporino ou palato fendido Ectrópio Alongamento do palato mole Entrópio Dermatite Defeitos da valva mitral Estenose pulmonar
	Má-formação de vértebra cervical Distiquíase Entrópio Displasia coxofemoral

Bull Terrier	Má-formação das pálpebras Nefropatia juvenil Mastocitoma
Chihuahua	Palato fendido Colapso de traqueia Luxação de cristalino
Chow-Chow	Distiquíase Entrópio Displasia de cotovelo Displasia coxofemoral
Cocker Spaniel	Alergias Anormalidades comportamentais Catarata Entrópio Otite Seborreia
Teckel	Discopatia intervertebral Alopecia de padrão Hipoplasia renal
Dálmata	Atopia Glaucoma Nefropatia juvenil Cálculo urinário
Dobermann Pinscher	Dentição anormal Catarata Foliculite e pododermatite
Pastor-alemão	Dermatite Epilepsia Displasia coxofemoral Afecções renais e cardíacas

A escolha de um cão e a "posse responsável"

Dogue Alemão	Torção gástrica
	Higroma
	Entrópio
Lhasa Apso	Catarata
	Luxação de patela
	Hipoplasia renal
Maltês	Luxação de patela
	Distiquíase
Old english sheepdog	Catarata
	Entrópio
	Displasia coxofemoral
	Microftalmia
Poodle	Atopia
	Entrópio
	Otite
	Luxação de patela
	Anormalidades comportamentais
	Atrofia retiniana progressiva
Rottweiler	Ectrópio
	Entrópio
	Displasia coxofemoral
	Catarata
São-bernardo	Torção gástrica
	Afecções oculares
	Dermatite
Shar Pei	Afecções oculares
	Entrópio
	Ectrópio
	Dermatite

Shih-Tzu	Catarata
	Nefropatia juvenil
	Ectrópio
Weimaraner	Torção gástrica
	Entrópio
	Mastocitoma

Mike Stockman, *Dog breeds of the world*, 1999.
Enciclopédia do cão. Aniwa Publishing, 2001.

• **Sexo:** com relação ao sexo, nota-se que os machos têm personalidade mais forte, revelando um comportamento mais independente. Já as fêmeas são mais calmas e meigas, apresentam um porte físico menor e criam vínculos sólidos com o dono.

Muitas pessoas consideram inconveniente adquirir uma fêmea devido ao ciclo estral (cio), que ocorre duas vezes por ano.

Em contrapartida, porém, um macho pode ter seu comportamento totalmente modificado, mostrando-se agressivo ou nervoso, quando na presença de uma cadela no cio.

Em ambos os casos, esses inconvenientes podem ser resolvidos realizando-se a castração, que será discutida em capítulo à parte.

A marcação de território também é um problema que não deve ser ignorado, pois o macho urina em todos os cantos da casa.

Adoção: uma possibilidade válida e gratificante

Caso você queira um cão, mas não tenha interesse ou condições de comprá-lo, pense na possibilidade da adoção. Os cães abandonados nas ruas, em particular, demonstram um sentimento de gratidão e uma fidelidade incomparável ao seu novo dono, quando adotados.

Você pode procurar por um em clínicas veterinárias que abriguem cães perdidos, abandonados ou que sofreram maus-tratos; ou em abrigos de sociedades protetoras de animais, onde se encontram cães de várias idades, raças e tamanhos.

Outra possibilidade é entrar em contato com canis, onde às vezes nascem filhotes que, por possuir alguma característica destoante do padrão da raça, não podem ser vendidos.

A escolha de um cão e a "posse responsável"

Pedrinho chegou ao projeto triste e com sarna...

... e depois de curado e bem tratado, estava lindo para a adoção

Atualmente, a internet vem se mostrado um veículo bastante eficiente para a divulgação de informações sobre o assunto.

A tabela a seguir relaciona telefones de algumas sociedades protetoras de animais e de sites que abordam a adoção.

TELEFONES PARA ADOÇÃO

Nome	Localidade	Telefone
APASFA	São Paulo	(11) 6955-4352
APATA	Fortaleza	(85) 3267-5669
SUIPA	Rio de Janeiro	(21) 3297-8777
GAMA	São Bernardo do Campo-SP	(11) 4354-0214
CCZ-RN	Natal	(84) 3232-8237
Associação Brasileira Protetora dos Animais	Salvador	(71) 3408-3181
Associação Protetora dos Animais do Distrito Federal	Brasília	(61) 3032-3583
Sociedade Protetora dos Animais de Curitiba	Curitiba	(41) 3256-8211
CCZ -MS	Campo Grande	(67) 3314-5000
CCZ -SP	São Paulo	(11) 3397-8900
AAAC	Campinas	(19) 3234-1988

SITES PARA ADOÇÃO

Nome	Endereço Virtual
Vira-Lata	www.vira-lata.org
Projeto Esperança Animal	www.pea.org.br
Pet Mg	www.petmg.com.br
Suipa	www.suipa.org.br
Vida de Cão	www.vidadecao.com.br
Projeto Ahava	www.projetoahava.com.br

Cuidados com o cão filhote e adulto

Alimentação

Uma nutrição correta consiste em fornecer ao filhote todos os nutrientes em quantidades e em proporções adequadas; portanto ela é fundamental para sua saúde e desenvolvimento.

Problemas relacionados com o crescimento e desenvolvimento dos filhotes geralmente se devem ao consumo de rações de qualidade inferior (não balanceadas ou cuja matéria-prima é de baixa qualidade) ou de alimentação caseira. No mais, a suplementação de dietas pobres ou duvidosas com nutrientes específicos, tais como cálcio, fósforo, vitamina A ou vitamina D produz desequilíbrios nutricionais que podem conduzir a diversos distúrbios orgânicos. Por exemplo, quando o cálcio é fornecido em quantidades inadequadas (geralmente em excesso ou sem necessidade), pode acumular-se nas articulações, causando dor e problemas de locomoção, o que constitui um distúrbio mais difícil de ser tratado.

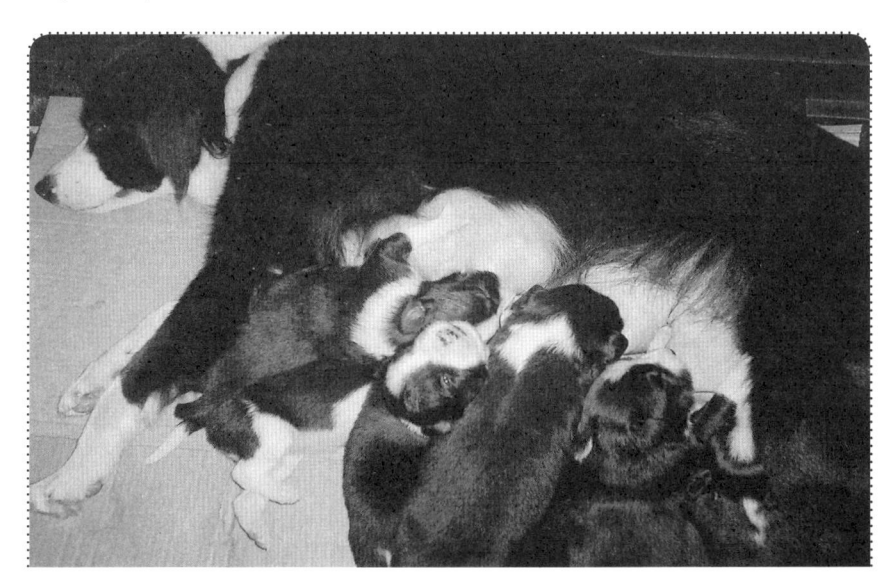

Crédito: Miram A. Santos

Filhotinhos sendo amamentados pela mãe

Durante as duas ou três primeiras semanas de vida, os filhotes apenas mamam e dormem. Nessa fase, deve-se observar se cada filhote está mamando a quantidade adequada diariamente, e se está ativo durante a amamentação. Os sinais de que um filhote não está recebendo uma quantidade suficiente de leite (seja pela competição em ninhadas muito grandes, seja por que o leite da mãe é pouco) são o choro constante, a inatividade e a perda de peso.

O desmame e a introdução de uma dieta baseada em alimentos sólidos deve ser feita gradualmente e pode ser iniciada por volta da 3ª semana de idade. Existem no mercado vários produtos de boa qualidade para esse fim, conhecidos popularmente como "papinhas para desmame".

Para estimular o filhote a comer a papinha, coloque-a em uma vasilha rasa. Em seguida, toque o alimento com o dedo e leve-o à boca do animal, ou faça com que ele toque a papa com os lábios, levando o recipiente até a boca.

A maioria dos filhotes é desmamada por volta de 5 a 7 semanas de idade.

No entanto, sugere-se que após concluído o desmame o filhote não seja imediatamente separado da mãe. O desmame precoce e a separação da mãe muito cedo podem causar vários problemas comportamentais, de que o cão só dará sinais no futuro.

A alimentação em forma de papa, por sua vez, deve ser gradativamente substituída pela ração em forma de grãos, sempre formulada para o crescimento. Nunca misture carne ou qualquer tipo de alimentação caseira na ração do filhote, nem ofereça a ele alimentos que não sejam destinados a cães (como pão, arroz, chocolate, ovos etc.). O fornecimento desses alimentos, misturados ou separados da ração, pode ocasionar problemas de alergia, obesidade ou deficiência nutricional.

Da mesma forma, jamais acrescente na ração ou ofereça separadamente suplementos alimentares para crescimento e desenvolvimento sem a orientação de um médico-veterinário.

Hoje existem no mercado várias rações de boa qualidade já balanceadas para cada fase da vida do animal (algumas até para raças específicas), o que dispensa a utilização de suplementos. Aliás, como já comentamos anteriormente, o excesso de vitaminas e minerais, ou sua administração indevida, podem acarretar problemas de saúde de difícil solução. Esse tipo de medicação, portanto, deve ser administrada apenas em casos especiais, e somente mediante a recomendação de um médico-veterinário.

Nunca deixe o alimento disponível o dia inteiro. A ração exposta todo o tempo acaba perdendo um pouco do cheiro e palatabilidade, além de propiciar o aparecimento de roedores e insetos (formigas, baratas etc.). Sugere-se conceder ao cão 20 minutos para ingerir o alimento e então retirar o que sobrou. Os filhotes devem ser alimentados de três a quatro vezes por dia, sempre de acordo com as orientações de quantidade diária indicadas pelo fabricante para a idade e peso do filhote.

A transição da ração de filhotes para a de cães adultos varia conforme a raça do cão. Cães de raça pequena e média podem fazer essa transição entre os 10 e 12 meses de idade. Já cães de raças grandes e gigantes devem fazer a transição a partir dos 18 meses, pois até essa idade ainda estão em fase de crescimento e desenvolvimento.

Sempre que for introduzida uma mudança na alimentação do cão, seja no tipo ou na qualidade da ração, ela deve ser feita de forma gradual, misturando-se a ração antiga à nova, e retirando-se a antiga aos poucos, até que o animal passe a comer somente a nova. Mudanças bruscas no tipo de alimentação podem causar vômito e diarreia ao animal.

Os cães adultos devem ser alimentados duas vezes ao dia com rações de boa qualidade e, como no caso dos filhotes, as orientações do fabricante com relação às porções adequadas para idade e peso do animal devem ser rigorosamente seguidas; de igual modo, o alimento não consumido numa refeição precisa ser recolhido, evitando-se que fique exposto durante todo o dia. O fornecimento, exclusivamente, de alimentos destinados a cães também deve ser mantido.

Dentição

Ao nascer, os cães não possuem dentes. A erupção dos dentes incisivos inicia-se com cerca de duas semanas de idade, e a dentição decídua forma-se totalmente por volta de 8 semanas de idade. A troca de dentes principia aos 4 meses de idade e a dentição decídua se completa aos 7 meses.

A escovação é a melhor maneira de se prevenir contra a doença periodontal, e deve ser iniciada quando o animal é ainda filhote. No entanto, escovar os dentes de um cão, principalmente filhote, exige bastante paciência e persistência do proprietário.

Para que o animal se acostume com o ato da escovação, sugere-se que o proprietário inicialmente passe o dedo indicador por sua gengiva, conversando com ele e agradando-o. O ideal é que sejam feitas seções breves, de alguns minutos apenas, várias vezes ao dia, até que o filhote comece a se habituar com o dedo do proprietário na boca, permitindo que ele o passe em sua gengiva e dentes. Sempre que o filhote permitir esse processo, deve ser recompensado de alguma maneira, recebendo petiscos ou sendo levado para passear, desde que seu esquema inicial de vacinação esteja completo.

À medida que o filhote assimila essa rotina, o tempo das seções deve ser aumentado, e uma gaze pode ser enrolada no dedo para a higienização.

Como a gengiva do filhote fica sensível e dolorida durante o período de troca de dentição, a utilização de escova de dente ou dedeira não é muito indicada durante essa fase. Pode-se começar a utilizá-las gradativamente, assim como a pasta de dente de uso animal, a partir dos 7 meses de idade, quando a dentição permanente já estiver completa. A utilização de creme dental para humanos não é permitida, pois causa gastrite aos cães. Quando o animal (filhote ou adulto) já estiver habituado a esse procedimento, aconselha-se que a escovação seja feita de duas a três vezes por semana.

Saúde e cuidados veterinários

Para a maioria dos filhotes de cães, o programa preventivo de saúde começa quando eles são levados, pela primeira vez, à clínica veterinária, com 6 a 8 semanas de idade. Ao médico-veterinário cabe fazer o exame clínico do filhote, orientando o proprietário com relação ao melhor esquema de vacinação e vermifugação, além de esclarecer cuidados especiais com a alimentação e a higiene, sempre de acordo com a situação em que cada animal se encontra.

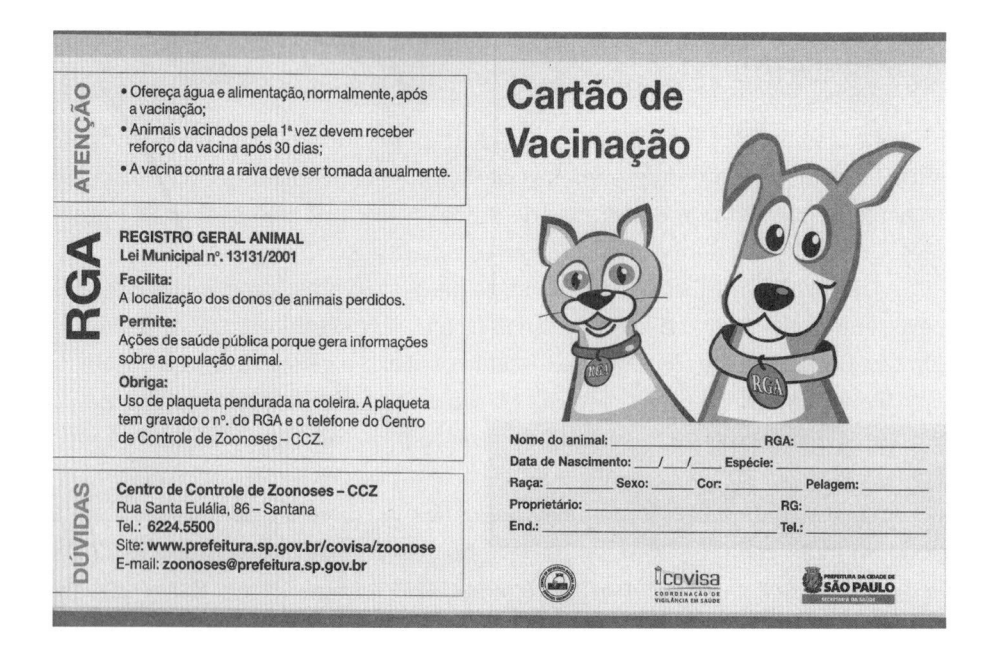

Exame físico

Sempre que o filhote for levado à clínica veterinária para o programa preventivo de saúde, o médico-veterinário deverá realizar nele um exame físico completo, incluindo a anotação de seu peso (que indica o estado nutricional do animal), verificação da pele e pelagem (brilho, presença de ectoparasitas, fungos, dermatites), conduto auditivo (ocorrência de otites), olhos (conjuntivite ou outra afecção ocular) e ausculação para verificar as frequências cardíaca e respiratória. A cavidade bucal e os dentes devem ser examinados para detecção de problemas precoces de oclusão ou de qualquer outra afecção bucal.

Vacinações

Atualmente, existem no Brasil quatro vacinas para a prevenção de doenças nos cães. São elas:

Vacinas V8/V10: consideradas vacinas polivalentes, são utilizadas para evitar o desenvolvimento tanto de zoonoses (doenças transmitidas ao homem pelos animais) quanto de enfermidades que afetam a saúde e o estado geral dos cães. Imunizam contra as seguintes afecções:

• **Parvovirose** – transmitida principalmente pelas fezes de animais infectados que contaminam o ambiente, é um grave problema em filhotes. Causa vômito, diarreia, desidratação e outros sintomas que podem levar o animal à morte.

• **Cinomose** – doença altamente contagiosa, transmitida principalmente por via aérea. Causa secreções nasais, conjuntivite, tosse, diarreia, vômito e problemas neurológicos que podem levar o animal à morte.

• **Leptospirose** – zoonose transmitida pela penetração da bactéria *Leptospira* nas mucosas ou na pele, por meio do contato com água contaminada pela urina de ratos, animais silvestres ou outros animais infectados. Causa febre, icterícia, hemorragias, dificuldade de locomoção, desidratação e outros sintomas que podem levar o animal (ou o ser humano, quando contagiado) à morte.

Existem vários sorovares de *Leptospira* na natureza. Os mais comumente transmitidos pelos cães são os sorotipos *L. canícola* e *L. icterohaemorrhagie*, presentes nas vacinas V8. A vacina V10 protege não só contra esses dois sorovares, como também contra outros dois: *L. pomona* e *L. grippotyphosa*.

Animais nunca imunizados com a vacina V10 devem receber duas doses, com intervalo de 21 dias entre elas, mesmo que já sejam adultos.

• **Hepatite infecciosa** – causada pelo Adenovírus tipo 1, é transmitida por via aérea e acarreta febre, gastroenterite, dor abdominal e lesão ocular.

• **Laringotraqueíte** – causada pelo Adenovírus tipo 2, é também transmitida por via aérea. Acarreta sintomas respiratórios, tais como tosse, espirros, secreções nasais etc.

• **Parainfluenza** – muito semelhante à gripe humana, causa secreção nasal, tosse e espirros.

• **Coronavirose** – enfermidade viral geralmente associada à parvovirose, e transmitida da mesma forma. Causa diarreia com ou sem vômitos, podendo apresentar muco e/ou sangue.

Filhotes de cães devem tomar três doses das vacinas V8/V10, com intervalo de 21 dias entre elas. Podem ser vacinados a partir dos 45 dias de idade e, após as três doses iniciais, devem receber, anualmente, uma dose de reforço.

Vacina antirrábica: o vírus da raiva pode infectar todos os animais de sangue quente, como cães, gatos, bovinos, equinos e animais silvestres. É transmitido pela saliva, quando se é mordido por um animal infectado. Uma vez que os sintomas se manifestam no homem, a raiva é quase sempre fatal. Atualmente, a doença em cães e gatos está controlada, graças à vacinação anual a que esses animais são submetidos.

Filhotes devem ser vacinados a partir dos 4 meses de idade, recebendo apenas uma dose, renovada anualmente.

Vacina contra giardíase canina: a *Giardia* é um parasita flagelado comum, que afeta o sistema gastrointestinal de cães, gatos e seres humanos. Quando ingerida, pode causar infecção não aparente ou associada à diarreia crônica, manifestada de forma contínua ou intermitente. Quando transmitida aos seres humanos, os sintomas clínicos são mais graves em indivíduos imunossuprimidos e em crianças. Pessoas imunocompetentes podem ser assintomáticas.

Filhotes de cães devem receber duas doses, com intervalo de 21 dias entre cada uma. Podem ser vacinados a partir dos 60 dias de idade, e após as duas doses iniciais deve ser feito o reforço, que consiste na aplicação anual de uma dose.

A vacinação contra a giardíase canina é preventiva, e não curativa. Portanto, somente poderão ser vacinados animais que apresentarem o exame parasitológico negativo para essa enfermidade. Animais contaminados devem ser primeiro tratados, para depois ser vacinados.

Além da vacinação dos cães, medidas de higiene devem ser observadas para evitar a contaminação tanto de animais quanto de seres humanos. Entre elas, podemos citar a desinfecção do ambiente com amônia quaternária (existem vários produtos desse tipo no mercado), lavar bem frutas, verduras e legumes, beber somente água filtrada e lavar bem as mãos após contato com os animais.

Vacina contra a gripe canina: a gripe canina, ou traqueobronquite canina, é uma doença respiratória infecciosa cujos principais agentes são o adenovírus tipo 2, o parainfluenzavírus e a bactéria *Bordetella bronchiseptica*. Seus sintomas são uma tosse geralmente "seca" – como se o animal estivesse engasgado – dificuldade para respirar e ânsia de vômito. Também pode causar falta de apetite, apatia e perda de peso, e em alguns casos evoluir para pneumonia. A contaminação do animal ocorre pelo ar ou pelo contato com cães infectados.

Filhotes podem ser vacinados a partir dos dois meses de idade com uma dose (no caso das vacinas intranasais) ou duas doses, com intervalo de 21 dias entre elas (no caso das vacinas injetáveis), e continuar o reforço anual com apenas uma dose, em ambos os casos.

Sugere-se que o filhote de cão saudável inicie seu processo de vacinação a partir dos 45 dias de idade. No entanto, o esquema vacinal de cada animal dependerá de seu estado geral e das condições de saúde em que se encontra, devendo ser elaborado pelo médico-veterinário que o acompanha.

Jamais consinta que seu animal de estimação seja vacinado por um profissional que não seja médico-veterinário. Ao recorrer a um serviço não especializado, você expõe seu cão ao risco de receber vacinas malconservadas ou de qualidade duvidosa, que podem comprometer a saúde do animal de maneira grave.

Vermifugações

Sugere-se que filhotes de cães iniciem o esquema de vermifugação a partir da segunda semana de vida, com vermífugos de amplo espectro. A reaplicação deve ser feita com quatro e oito semanas, e repetida mensalmente até que o filhote complete 6 meses de idade.

Quando adulto, sugere-se que o cão seja vermifugado, no mínimo, a cada quatro meses. No entanto, cabe ao médico-veterinário elaborar o esquema de vermifugação de cada animal de acordo com as condições em que este vive e o estado de saúde em que se encontra.

Higiene

Até que completem seu esquema vacinal, não é aconselhável que filhotes tomem banhos, sobretudo porque seu sistema imunológico ainda está em fase de amadurecimento.

Sugere-se então que, durante esse período, para sua limpeza, o cão seja escovado diariamente (no caso de animais de pelos longos), podendo-se passar lenços umedecidos ou loções para filhotes.

Após o término do esquema vacinal, o cão poderá tomar banhos normalmente, tanto em casa quanto em pet shops. A frequência de banhos varia de acordo com a raça e o tamanho, e segundo a disponibilidade do proprietário.

Ao dar banhos em casa, deve-se sempre colocar algodão nos ouvidos do animal, a fim de evitar que a água penetre neles e provoque uma otite. O banho deverá ser morno, e a pelagem do cão deverá ser secada com secador.

Controle de ectoparasitas

Pulgas, carrapatos e piolhos transmitem doenças aos cães, afetando seu estado geral e sua saúde. Por isso, é fundamental que os filhotes iniciem desde cedo o esquema de prevenção contra parasitas.

Hoje existem no mercado vários medicamentos para essa finalidade, e que podem ser aplicados a partir de uma semana de idade. Cabe ao médico-veterinário do animal indicar o medicamento mais adequado para o filhote, de acordo com a situação em que se encontra e o ambiente em que vive, e continuar com essas medidas preventivas ao longo da vida do animal.

É importante salientar, com relação aos cães adultos, que todos os cuidados de higiene, alimentação, dentição e controle de ectoparasitas devem ser observados ao longo de toda a sua existência. Os reforços das vacinas devem ser aplicados uma vez por ano, e as vermifugações, realizadas periodicamente. Sempre que o cão apresentar qualquer alteração no estado clínico, consulte um médico-veterinário.

A maioria dos proprietários leva seu cão ao consultório veterinário apenas uma vez ao ano, na época da aplicação do reforço das vacinas. No entanto, sugere-se que um cão saudável seja examinado pelo médico-veterinário ao menos duas vezes por ano, para que se proceda a uma avaliação de seu estado geral (peso, dentição, pelagem) e se possibilite a detecção precoce de eventuais enfermidades que o animal possa desenvolver.

O cão idoso

Segundo Goldston,[1] "a idade é definida como um processo biológico complexo, que resulta na redução progressiva da capacidade de um indivíduo manter a homeostasia sob estresses fisiológicos internos e ambientais externos, diminuindo assim a viabilidade do indivíduo e aumentando sua vulnerabilidade a doenças, levando finalmente à morte". Esse autor relata ainda que "o envelhecimento não é uma doença por si só, e existem muitos fatores, mais notavelmente genéticos, ambientais e nutricionais, que podem influenciar a velocidade do processo de envelhecimento". A tabela a seguir mostra alguns fatores que interferem nesse processo e as idades nas quais os cães em diferentes grupos de peso são considerados como geriátricos.

FATORES DE ENVELHECIMENTO

GENÉTICOS	Raças menores de cães vivem mais tempo que as maiores
NUTRICIONAIS	Animais de estimação obesos apresentam expectativas de vida menores que as de não obesos
	Dietas ricas em gorduras e/ou pobres em fibras diminuem a expectativa de vida
AMBIENTAIS	Animais castrados vivem mais tempo que não castrados

IDADES NAS QUAIS CÃES SÃO CONSIDERADOS GERIÁTRICOS

Porte	Idade
Pequeno (até 9 kg)	11,48 + - 1,85 anos
Médio (9,5 - 22,5 kg)	10,90 + - 1,56 anos
Grande (23 - 40,5 kg)	8,85 + - 1,38 anos
Gigante (> 40,5 kg)	7,46 + - 1,94 anos

Mike Stockman, *Dog breeds of the world*, 1999.
Enciclopédia do cão. Aniwa Publishing, 2001.

[1] GOLDSTON, Richard T. e HOSKINS, Johnny D. *Geriatria e Gerontologia do cão e gato*. 1ª ed. 1999.

O cão idoso merece atenção redobrada, visto que uma característica comum a todo processo de envelhecimento é a alteração progressiva e irreversível. Visitas periódicas ao médico-veterinário são extremamente importantes nessa fase, pois o conhecimento das alterações patológicas associadas com a idade e o seu efeito permitem que o veterinário planeje programas de saúde mais efetivos para cada cão. Além disso, é importante que o animal tenha uma alimentação equilibrada, que supra as exigências nutricionais para essa etapa da vida (atualmente, existem várias rações próprias para cães idosos no mercado).

Dentre os efeitos do envelhecimento, podemos citar os seguintes:

- diminuição da taxa metabólica e falta de atividade, fatores que, juntos, reduzem as exigências calóricas em 30% a 40%;
- diminuição da imunocompetência;
- aumento da porcentagem do peso corporal representado pela gordura;
- espessamento da pele, que se torna hiperpigmentada e inelástica;
- os coxins hiperqueratinizam e as unhas ficam quebradiças;
- perda de massa muscular, óssea e cartilaginosa, com subsequente desenvolvimento de problemas articulares;
- cardiopatias;
- declínio gradual da função renal;
- perda do treinamento doméstico.

As principais doenças que afetam os cães

Zoonoses

Define-se como zoonose toda doença transmitida ao homem pelo animal.

No tópico sobre vacinações, foram comentadas a cinomose, a parvovirose, a leptospirose, a raiva e a giardíase canina. A seguir, são apresentadas algumas outras zoonoses, cuja prevenção requer a atenção dos proprietários.

Zoonoses verminóticas: as principais zoonoses verminóticas transmitidas por cães e gatos são:

• *Larva migrans* **cutânea** – larvas infectantes de *Ancylostoma*, que penetram ativamente através da pele humana, provocando lesões características.

• *Larva migrans* **visceral** – larvas que, após a ingestão acidental de ovos de *Toxocara*, são liberadas no intestino delgado de seres humanos. Penetrando na mucosa intestinal, migram para o fígado, pulmão ou outros órgãos.

• **Hidatidose** – provocada pela ingestão de ovos de *Echinococcus granulosus* por meio de vegetais contaminados. Ocorrendo a migração de larvas para o fígado e diversos órgãos, formam-se cistos que podem atingir o sistema nervoso central.

• *Dipylidium caninum* – transmitida pela saliva do cão (que se contamina ao morder pulgas infectadas) no ato de lamber pessoas. Após a ingestão de formas imaturas, estas migram para o intestino delgado do ser humano, causando dores abdominais, diarreia e perda de peso.

• *Taenia* – relatados casos isolados em seres humanos, pouco se sabendo das lesões que causam.

Sarnas: são dermatoses parasitárias causadas por ácaros que vivem na pele ou dentro do animal hospedeiro. As lesões resultantes ocorrem em razão dos danos mecânicos provenientes da escavação do ácaro, das substâncias que causam prurido (coceira), sendo secretadas pelo ácaro ou devido a reação de hipersensibilidade desenvolvida contra um ou mais produtos extracelulares do ácaro. Também apresentam potencial zoonótico para causar dermatoses nos humanos.

Entre os agentes mais comuns causadores dessa enfermidade podemos citar: *Sarcoptes scabiei* (causador da sarna sarcóptica), o *Notoedres cati* (causador da sarna notoédrica em gatos) e a *Cheyletiella Yasguri, C. blakei* e *C. parasitivorax* (causadores da queiletielose em cães, gatos e coelhos, respectivamente).

Para prevenir a doença, deve-se evitar que o cão entre em contato com animais suspeitos; e hábitos de controle de ácaros, pulgas e carrapatos devem ser adotados, podendo ser utilizados inseticidas ambientais contra pulgas adultas. O médico-veterinário deve ser consultado imediatamente, caso se desconfie de que o animal foi contaminado.

Dermatofitose: a maioria dos casos clínicos de dermatofitose em cães e gatos é causada por três fungos: *M. canis, M. gypseum* e *T. mentagrophytes*, sendo o *M. canis* o agente mais comum.

Os dermatófitos são transmitidos pelo contato com o pelo e a caspa de animais infectados, presentes nos próprios animais, no ambiente ou ainda nos fômitos (fômito é um termo médico utilizado para designar substância ou material – ex.: peça do vestuário – capaz de absorver e transmitir o contágio de uma doença infecciosa. Geralmente, este termo é empregado no plural: fômitos – em inglês: *fomites*). Muitas das dermatofitoses são zoonoses que requerem extrema atenção, pois um grande percentual das infecções humanas têm origem no contato com um animal contaminado. De modo geral, o contágio se dá pelo contato direto entre animais, entre um animal e o homem ou entre homens.

Para prevenir a infecção, algumas medidas simples devem ser tomadas, como evitar o contato com animais suspeitos e manter o ambiente sempre limpo e bem ventilado, de modo a impedir a concentração de umidade. Além disso, a qualquer suspeita de manifestação da doença, o médico-veterinário deve ser consultado para diagnóstico e tratamento adequados.

Esporotricose: é uma micose subcutânea causada pelo fungo *Sporothrix schenckii*, capaz de acometer diversas espécies animais, incluindo o homem. Apesar de a esporotricose felina ser considerada rara, pode ser transmitida por mordida, arranhadura ou pelo contato da pele ou mucosa com o exsudato de lesões. Medidas de higiene devem ser adotadas para evitar a doença.

Salmonelose: é uma das zoonoses mais frequentes em pacientes imunossuprimidos. Os animais, mas também os alimentos, são fontes de infecção para seres humanos. O agente é eliminado nas fezes e, por isso, qualquer episódio de diarreia em animais de clientes imunossuprimidos exige imediata consulta ao médico-veterinário.

Campilobacteriose: causa infecção intestinal e sistêmica em pessoas imunossuprimidas ou saudáveis. A maioria dos animais de estimação transmite a doença apenas quando apresenta diarreia. Por isso, animais que manifestem esse quadro devem ser levados ao médico-veterinário, para realização de exame parasitológico e tratamento.

Criptosporidiose: o agente etilógico mais importante em seres humanos e animais domésticos é o *C. parvum*. A transmissão usualmente ocorre por ingestão de comida e água contaminadas, oriundas de áreas cujas condições sanitárias são precárias. Para prevenir a doença, deve-se evitar o contato com fezes de animais e adotar medidas de higiene.

Febre maculosa: transmitida pela picada de carrapatos contaminados pela *Richettisia rickettsii*, seus sintomas, nos seres humanos, são febre, náuseas, cefaleias e mialgia, além do surgimento de máculas pelo corpo, entre o terceiro e o quinto dia de febre. Trata-se de uma doença bastante grave e perigosa, cuja prevenção é feita pelo controle de carrapatos.

Tuberculose: causada por bactérias do gênero *Mycobacterium*, afeta bovinos, cães, gatos e outras espécies animais. No caso de cães e gatos, pode ser considerada como zooantropozoonose, uma vez que esses animais de companhia podem transmiti-la aos seres humanos e vice-versa.

Leishmaniose: doença causada pelo protozoário *Leishmania* e transmitida pela picada de um mosquito conhecido como mosquito-palha ou birigui. Pode apresentar duas formas clínicas: a leishmaniose cutânea ou tegumentar (que acarreta lesões na pele) e a leishmaniose visceral ou calazar (que ocasiona alterações sistêmicas, podendo levar o indivíduo à morte).

Atualmente não existe tratamento eficaz para a doença manifestada em cães, mas apenas para pacientes humanos. Portanto, a prevenção é fundamental, e a medida mais eficiente para efetivá-la é o combate ao mosquito hospedeiro intermediário. Além disso, já existe em áreas endêmicas do Brasil uma vacina para prevenir a ocorrência da doença em cães.

Outras doenças

Displasia coxofemoral: doença hereditária caracterizada pela má-formação da articulação coxofemoral, ou seja, a inserção do membro traseiro (cabeça do fêmur) na cintura pélvica. Acomete mais comumente raças grandes e gigantes, tais como Rottweillers, Pastores e Filas, mas também pode ocorrer entre raças menores.

Os sintomas clínicos geralmente aparecem por volta dos 4 aos 7 meses de idade, quando o animal manifesta dor e manca ao andar. O diagnóstico é feito pelo exame da radiografia das articulações coxofemorais. Por ser uma doença hereditária, cães que sofrem de displasia não devem ser utilizados para reprodução.

Dirofilariose: doença causada por vermes do gênero *Dirofilaria*, que acomete principalmente o cão doméstico, o gato e várias espécies de animais silvestres. A transmissão é feita pela picada do mosquito do gênero *Culex*, e na fase adulta a larva da *Dirofilaria* se aloja no coração dos animais, causando, entre outros sintomas, tosse seca, respiração entrecortada, emagrecimento, perda de apetite, edema e ascite. Se não for tratado a tempo, o animal infectado pode morrer.

Atualmente, existem no mercado vários produtos indicados para a prevenção da doença, ativos contra a fase larval do parasita. Sua aplicação deve ser mensal em regiões onde a doença é considerada enzoótica, principalmente no litoral.

Alergias: alergias são respostas excessivas do organismo à invasão por determinadas substâncias, denominadas alérgenos. A manifestação clínica dessas afecções pode se dar por sintomas respiratórios (tosse, espirros etc.) ou dermatológicos (lesões na pele, prurido etc.). Os alérgenos podem ser qualquer substância presente na natureza ou no ambiente (por exemplo, o pólen de plantas, a fumaça de cigarro, alimentos, pulgas etc.), e a sensibilidade a eles depende das características do organismo de cada animal.

A prevenção para as doenças alérgicas consiste em evitar o contato com os agentes causadores da alergia, sempre que for possível identificá-los.

Otite: é a inflamação do conduto auditivo causada por fungos, bactérias ou ácaros que ali se instalam quando encontram condições favoráveis para isso.

Causa dor, prurido e irritação, fazendo com que o cão sacuda a cabeça frequentemente ou passe a coçar com insistência as orelhas, utilizando as patas. As orelhas abaixadas (uni ou bilateral) também são sinais de otite.

A prevenção da doença é feita mediante a limpeza periódica dos condutos auditivos e a tomada de precauções, durante o banho, para que não haja penetração de umidade neles.

Doença periodontal: caracterizada pela destruição dos tecidos que circundam e fixam os dentes, é causada pelo excesso de tártaro (placa bacteriana) que se deposita na superfície destes. Causa mau hálito, dor, perda de apetite e apatia. As bactérias presentes nas placas bacterianas podem eventualmente penetrar na corrente sanguínea e atingir órgãos vitais, como o coração, os rins e o fígado, causando sérias infecções.

A melhor forma de prevenir essa afecção é a escovação dos dentes do animal (pelo menos duas vezes por semana). Visitas periódicas ao médico-veterinário, para avaliar a necessidade de limpeza, também são importantes.

Piometra: doença caracterizada pelo acúmulo de líquido no útero, acompanhada de infecção bacteriana. Entre outros sintomas, causa febre, depressão, falta de apetite, vômito e polidipsia (aumento na ingestão de líquidos). A maioria das cadelas apresenta corrimento vaginal purulento. Se não diagnosticada e tratada a tempo, pode acarretar um quadro de endotoxemia e levar o animal à morte. O tratamento de eleição é a ovário-histerectomia (castração).

Erliquiose: doença transmitida pela picada de carrapatos *(Rhipicephalus sanguineus),* é causada pelo agente *Erlichia canis.* Entre os sintomas que acarreta, podemos citar: febre recorrente, perda de apetite, apatia, secreção mucopurulenta no nariz e olhos e aumento do baço. Essa enfermidade também causa anemia e diminuição do número de plaquetas no sangue, o que pode provocar sangramentos espontâneos pelo focinho, pontas das orelhas e gengiva.

Quando diagnosticada a tempo, a doença tem tratamento. A única maneira de preveni-la é evitar o contato e a picada do cão por carrapatos.

Importância e benefícios da castração

A castração de fêmeas consiste na retirada dos dois ovários e do útero do animal, de forma que a cadela não mais apresentará cio. Quanto aos machos, sua castração consiste na remoção dos testículos.

Infelizmente, ainda vigoram muitos mitos e grande resistência em relação à castração de animais, sejam machos ou fêmeas. Entretanto, ao contrário do que muitas pessoas pensam, a castração proporciona vários benefícios, principalmente se for realizada precocemente (por volta dos 5 meses de idade). Entre as vantagens que essa cirurgia promove, podemos citar a prevenção de doenças, a melhora do comportamento e o controle populacional.

Prevenção de doenças

Muitas pessoas creem, equivocadamente, que a fêmea precisa ter pelo menos uma ninhada durante a vida, para prevenir o câncer nos ovários e no útero. Esse conceito, porém, não encontra respaldo na ciência. Na realidade, a castração precoce da cadela (de preferência antes do primeiro cio, que ocorre por volta dos 6 meses de idade), diminui bruscamente as chances de ela vir a desenvolver tumores mamários, além de prevenir problemas como a formação de cistos e tumores ovarianos, a pseudociese (conhecida como "gravidez psicológica"), o prolapso vaginal (exteriorização da mucosa vaginal, que causa sérias infecções) e a piometra, já comentada anteriormente. Vale lembrar, também, que durante o cio muitas cadelas ficam indispostas, e que sua resistência tende a diminuir, deixando-as mais suscetíveis a doenças de pele e à otite.

Muitos proprietários aplicam injeções à base de medicamentos hormonais para evitar o cio das cadelas. Tal procedimento, contudo, além de não ser totalmente seguro é contraindicado, pois as drogas empregadas para essa finalidade acarretam o advento de tumores mamários.

Com relação aos machos, a castração evita o desenvolvimento de tumores nos testículos e cistos prostáticos.

A relutância em castrar um cão ou cadela em razão da possibilidade de que engordem também não procede, pois a prática de exercícios, associada à alimentação adequada e restrita, evita esse problema.

Melhora do comportamento

A castração precoce de cães machos torna-os mais companheiros, reduz sua agressividade e abranda o instinto de marcação de território com urina. As fêmeas, por não entrarem mais no cio, passam a não apresentar o estado de indisposição que manifestariam nesse período.

Controle populacional

A castração é a melhor forma de controlar a população de cães e gatos, pois contribui para evitar a prática do abandono, os maus-tratos e a disseminação de doenças, além de promover a redução do número de animais sacrificados anualmente.

Os grupos de raças caninas

Cada organização internacional admite diferentes grupos para classificar as raças que reconhece. A FCI (Federação Cinológica Internacional) reconhece dez grupos, citados a seguir:

Grupo 1: cães de pastoreio e de boiadeiro;
Grupo 2: cães do tipo Pincher e Schnauzer, molossoides, cães de boiadeiro suíços;
Grupo 3: Terriers;
Grupo 4: Teckels (Dachshunds);
Grupo 5: cães do tipo Spitz e de tipo primitivo;
Grupo 6: sabujos e cães farejadores de sangue;
Grupo 7: cães de aponte continentais e cães de aponte das Ilhas Britânicas;
Grupo 8: cães recolhedores de caça, levantadores de caça e Poodles;
Grupo 9: cães de companhia;
Grupo 10: lebréis e raças semelhantes.

A tabela a seguir relaciona os nomes mais utilizados, no Brasil, para as raças de cada grupo.

Grupo	Raças mais conhecidas no Brasil
1	Pastor-alemão Pastor de Shetland Old English Sheepdog Border Collie Pastor-belga Malinois Pastor-catalão Kuvasz Collie Boiadeiro Australiano
2	Dobermann Pinscher Schnauzer Boxer Buldogue Bulmastife Cane Corso

O cão em nossa casa

	Dogue Alemão		Shih-Tzu
	Dogue de Bordeaux		Chiuaua
	Fila Brasileiro		Pequinês
	Mastife		Buldogue-Francês
	Rottweiller		
	São-bernardo	**10**	Galgo
	Shar Pei		Greyhound
	Boiadeiro Bernês		Whippet

3 — Airedale Terrier
Fox Terrier
Terrier Brasileiro
American Staffordshire Terrier
Bulterrier
Yorkshire Terrier

4 — Teckels

5 — Malamute do Alaska
Samoieda
Husky Siberiano
Spitz
Akita
Chow-chow
Shiba

6 — Bassethound
Beagle
Sabujo
Dálmata

7 — Weimaraner
Perdigueiro
Pointer
Setter

8 — Golden Retriever
Labrador Retriever
Cocker Spaniel
Springer Spaniel

9 — Bichon Frisé
Poodle
Lhasa Apso

Educação, responsabilidade e cidadania

Além de considerar a questão da posse responsável, já comentada anteriormente, ao adquirirmos um cão precisamos levar em conta algumas noções de educação e cidadania.

Um proprietário consciente deve levar em conta que, ao lado dos cuidados com a higiene e a saúde, a educação do cão é fundamental, tanto para o convívio entre os familiares no dia a dia quanto para a convivência com outras pessoas.

Entre as regras básicas de educação que o animal deve aprender, estão as seguintes:

• urinar e defecar apenas no local adequado (sobre o jornal ou tapete higiênico, por exemplo);

• não latir nem uivar insistentemente, incomodando as pessoas;

• comportar-se na presença de estranhos e de visitas (não ficar latindo, pulando e cheirando as pessoas).

Caso tenha dificuldades para educar seu cão, procure a ajuda de um profissional.

Placa de alerta aos proprietários de cães sobre o problema de deixar dejetos de animais nas ruas e calçadas

A observância de noções elementares de cidadania também é importante: recolha as fezes de seu animal ao passear com ele na rua e respeite as leis que regem a condução de animais de companhia em logradouros públicos.

Proprietários de cães de determinadas raças devem ter conhecimento da Lei nº 11.531, de 11 de novembro de 2003, regulamentada pelo Decreto Estadual nº 48.533, de 9 de março de 2004, que estabelece as seguintes regras de segurança para a condução responsável de cães:

Artigo 1º: A condução em vias públicas, logradouros ou locais de acesso público de cães das raças Pitbull, Rottweiler e Mastin Napolitano, além de outras especificadas em regulamento, deverá ser feita sempre com a utilização de coleira e guia de condução.

Artigo 2º: Qualquer pessoa do povo poderá solicitar concurso policial, quando verificada a condução de cães das raças de que trata o § 1º do artigo anterior, sem o uso de guia curta de condução, enforcador e focinheira, ou o descumprimento da obrigação prevista no § 2º do mesmo artigo.

Artigo 3º: A infração ao disposto nesta lei sujeitará o possuidor ou proprietário do animal ao pagamento de multa no valor de 10 (dez) UFESPs, sem prejuízo das demais sanções administrativas e penais cabíveis.

Parágrafo único: A multa terá valor dobrado, em caso de reincidência.

Há também algumas leis de trânsito que regem o transporte de animais de companhia a que devemos estar atentos, pois o desrespeito a elas implica pagamento de multas e pontuação na carteira de motorista:

Artigo 235: Conduzir pessoas, animais ou carga nas partes externas do veículo, salvo nos casos devidamente autorizados.

Artigo 252: Dirigir o veículo: II – transportando pessoas, animais ou volume à sua esquerda ou entre braços e pernas.

Prevenir é mais fácil do que remediar

Palavras iniciais

De repente aconteceu: você acaba de levar para casa, segurando-a nos braços, uma bolinha de pelos macia e brincalhona. A princípio, esse filhote de cão parece ser uma das coisinhas mais lindas e indefesas que você já viu, não é? Filhotes são realmente irresistíveis, e fica difícil aceitar a ideia de que precisam ser educados desde pequenos.

Quando se fala de educação de cães, muitas pessoas imaginam que se trata de dar broncas, punir etc. Na realidade, a educação de um cão é um processo muito mais sutil, se soubermos, desde sua infância – ou seja, desde que o cão é ainda filhote –, estimular e recompensar seu bom comportamento e ignorar ou impedir comportamentos desagradáveis.

É mais do que sabido que todo filhote adora morder nossos pés, calcanhares e mãos, assim como puxar nossas roupas etc. Se você já experimentou dar-lhe uma bronca nessas ocasiões, falando grosso com ele ou empurrando-o, deve ter reparado que a represália de nada adiantou. Isso acontece por um motivo simples: na maioria dos casos, filhotes com menos de cinco meses costumam achar que tudo é brincadeira. Entretanto, embora desejem apenas brincar, seus dentinhos pontiagudos podem acabar rasgando nossas roupas e ferindo nossa pele, o que nos incomoda bastante. Assim, no início você pode até achar essas atitudes de seu cão engraçadinhas, mas, se esse comportamento perdurar, certamente começará a ficar irritado. Que fazer, então?

Primeiro, controle-se: não dê continuidade à brincadeira. E lembre-se: se prosseguirmos nos movendo e dando atenção ao filhote enquanto ele persegue nossos pés e mãos, uma bronca significará, para ele, que estamos achando a brincadeira divertida. Experimente ficar absolutamente imóvel, cruzar os braços e não olhar nem falar com o cãozinho. Você notará que, no primeiro momento, ele ainda vai insistir um pouco em brincar. Porém, ao descobrir que sua insistência em nada resulta, procurará outra coisa mais divertida para ocupar o tempo.

É justamente aí, quando o animalzinho decide buscar outra distração, que começa a segunda parte do aprendizado, ainda mais importante do que induzi-lo a reconhecer que determinada brincadeira não é bem-vinda.

Ocorre que o filhote quer, sempre, brincar; precisa dar vazão a essa necessidade e, se não mostrarmos a ele uma forma segura e gratificante de diversão que corresponda a seu pedido, ele buscará sozinho outra maneira de se entreter – que pode ser, por exemplo, puxar os fios e cabos da tevê. Se descobrir que falamos com ele enquanto faz isso, terá certeza de que aprovamos sua brincadeira. Portanto, para cada necessidade expressa pelo filhote precisamos apresentar uma opção – algo ainda mais empolgante, que o afaste do que estava fazendo e que desperte seu interesse imediatamente.

Assim, voltando ao exemplo anterior, quando o cãozinho começa a se sentir frustrado por não conseguir brincar com nossas mãos e pés, dê a ele um brinquedo (existem vários, específicos para cada idade, em pet shops). Brinque com o cão, puxando, jogando e recolhendo o brinquedo, correndo atrás do animal quando ele o apanha. Converse com o filhote cada vez que ele pegar o brinquedo na boca. Logo o cãozinho perceberá que é muito mais gratificante utilizar o brinquedo oferecido do que tentar outras maneiras de se fazer notar e de se divertir.

No dia a dia, nossa atenção desempenha um importante papel no reforço às atitudes dos cães. Observe que, na sociedade em que vivemos, os cães perderam muito de sua liberdade. Um cão confinado em uma casa ou apartamento só dispõe de uma única forma de interação: relacionar-se com os membros de sua família humana. Por isso, fará de tudo para obter qualquer instante de atenção, quando estiver carente. O modo como ele vai conseguir isso, depende das experiências anteriores.

Portanto, se você só se lembra de que seu cão existe quando ele está aprontando, é melhor perceber o resultado dessa atitude e repensar o seu próprio comportamento.

Já para as pessoas que decidiram, responsavelmente, ter um cão em casa, o melhor é procurar acariciá-lo sempre que ele se aproximar, e gastar um pouco de tempo brincando, principalmente se ele pegar um de seus brinquedos – mesmo que isso aconteça após um dia frenético de trabalho.

A educação tem dois lados

O comportamento dos animais muda constantemente. A adaptação ao meio faz parte da estratégia de sobrevivência de todos os organismos vivos. Um animal – incluindo nós, humanos –, ao perceber que determinada atitude causou uma resposta desagradável, tenta evitar a reprodução dessa atitude, pelo menos ao deparar com a mesma situação que a gerou. Entretanto, se obtém um resultado agradável, a tendência é que repita esse comportamento. Dessa forma, se, por exemplo, encontramos um conhecido e, ao cumprimentá-lo, ele nos ignora, talvez tentemos o mesmo gesto mais uma ou duas vezes; porém, se o resultado for sempre o mesmo, é claro que não vamos mais insistir em cumprimentá-lo. Em contrapartida, se o resultado fosse o inverso, ou seja, se ele abrisse um enorme sorriso e esbanjasse simpatia, nunca deixaríamos de saudá-lo.

O comportamento do cão vai sendo moldado exatamente desta maneira: os cães quase sempre estão em busca de interação, já que possuem um enorme instinto de participar. O problema é que, em nossa sociedade, muito pouco é exigido deles. Por isso, um cão que vive isolado num apartamento tentará aproveitar cada oportunidade surgida para conseguir um pouco de carinho e atenção.

Portanto, para ter sucesso na educação de seu cão, será preciso aprender a utilizar reforços positivos (recompensas) e reforços negativos (punições). Para isso, torna-se necessário entender o que significam esses conceitos e saber aplicá-los de forma correta.

Reforço positivo – É qualquer estímulo que aumente a probabilidade de um comportamento se repetir. Uma recompensa influencia o comportamento que está se verificando num dado momento ou imediatamente antes de ele ocorrer. Por exemplo, se o cão fez xixi no local que lhe indicamos para isso, deve ser recompensado logo após o ato de urinar no lugar correto. Passados quinze segundos, já será tarde para que ele consiga entender a relação entre o ato e a recompensa.

O que faz ou não um reforço ser positivo varia conforme a situação: um carinho pode ser uma ótima recompensa quando o cão está dentro de casa, e ser um reforço negativo quando o cão está passeando ou brincando com outros cães. Petiscos que o cão costuma adorar podem perder a importância, caso ele esteja se divertindo muito de outra forma ou se estiver com medo.

Geralmente, precisamos trabalhar o comportamento que desejamos incutir no cão em uma situação mais tranquila, para depois tentar conseguir o mesmo comportamento também em circunstâncias nas quais o animal esteja exposto a outros estímulos externos.

Recompensar é um recurso muitas vezes ignorado pelos proprietários. Existe uma crença generalizada de que não é bom dar petiscos aos cães, e que só devemos utilizar carinho como recompensa. Entretanto, utilizados da maneira correta, os petiscos podem produzir milagres, como fazer o cão gostar de ir para sua casinha no quintal na hora de dormir; deixar que seus pelos sejam penteados; permitir que sejam aplicados remédios em seus ferimentos; atender quando chamado e principalmente; substituir comportamentos inadequados por outros aceitáveis.

Todos os donos gostam de mimar seus cãezinhos. Assim, dê-lhe os petiscos sem culpa. O importante é oferecê-los no momento correto, e não quando o cão não está se comportando bem. Se você tem medo de que seu cão engorde, utilize a própria ração, diminuindo um pouco da quantidade oferecida em cada refeição.

Recompensas com ração e petiscos estimulam o cão a ser obediente

Reforço negativo – É qualquer estímulo que diminua a probabilidade de um comportamento se repetir. Costumamos chamar os reforços negativos de punições, mas, na realidade, esse é um nome um pouco forte; afinal, frustrar a intenção do animal é um excelente reforço negativo, mas não pode ser chamado de punição.

Uma característica complicada do reforço negativo é que ele deve ser aplicado imediatamente após a manifestação do comportamento inadequado. Se um cão aprende a pegar comida de cima da mesa, por exemplo, e conseguir obtê-la uma vez a cada três tentativas, ele não deixará de tentar fazê-lo, mesmo que tome uma repreensão severa numa dessas ocasiões. O reforço negativo precisa acontecer a cada tentativa do animal, até que ele abandone sua intenção.

Outra condição importante para obtermos sucesso num reforço negativo é aplicá-lo logo no início de um comportamento, de preferência antes que o cão progrida no hábito que condenamos. Por exemplo, se o cãozinho gosta de desfiar a ponta do tapete, a bronca deve vir no momento em que ele tenta colocar a boca no tapete, e não quando já se divertiu por algum tempo.

É fundamental, também, para a eficácia do reforço negativo, que o cão consiga reconhecer que está sendo punido em consequência de um determinado comportamento (como desfiar o tapete). Quando o cão está latindo por muito tempo e lhe damos uma reprimenda, pode até ser que ele pare momentaneamente para prestar atenção em nossa voz, mas é difícil para ele reconhecer entre todos os comportamentos que manifestava (latindo, pulando, correndo...), qual o errado. Em geral, é preciso que pelo menos três advertências sejam feitas, nas primeiras ocorrências do comportamento, para que o cão seja capaz de reconhecer o procedimento que deve evitar.

É necessário também saber medir a intensidade da punição. Uma punição forte demais pode traumatizar ou abalar a confiança do cão; em contrapartida, uma punição muito suave, além de não funcionar, irá gradualmente acostumando o cão a desprezar as punições. Saber utilizar corretamente os reforços negativos é muito difícil, mas fundamental. A maioria das pessoas acaba falando mil "nãos" que são ignorados pelo cão – e é nesse contexto que ele começa a ignorá-los para sempre. Por isso, é preciso ter clareza de que não devemos tentar reprimi-lo, se de antemão percebemos que não poderemos evitar sua desobediência.

A educação do cão deve envolver mais recompensas do que punições

Um dos motivos dessa afirmação remete ao fato de que é muito mais fácil e prazeroso recompensar o bom comportamento do que punir o comportamento inadequado – principalmente porque punir da maneira incorreta pode gerar sérios problemas de relacionamento, além de deixar o cão confuso e ansioso.

O cão como dono da casa

Um aspecto que todo proprietário deve considerar é que os cães vivem em uma hierarquia definida. Para eles, sua família humana é uma matilha, e funciona segundo as mesmas regras vigentes em uma matilha de cães ou de lobos.

Na matilha sempre existirá um animal designado Alpha, que é o líder. O líder usufrui uma série de regalias, como ficar com a melhor parte da comida, dormir no melhor lugar, escolher para onde ir etc.

O cão Alpha responde por um conjunto de atribuições em relação à matilha, como a proteção de cada um de seus membros e a marcação do território onde habitam; cabe a ele, também, tomar as decisões importantes para garantir a sobrevivência do grupo. Por isso, todo animal irá testar, no interior de seu grupo, se é o mais forte, pois da liderança do mais apto depende a subsistência da matilha. Sabe-se que, quanto mais forte for o líder, melhores serão as condições de manutenção e prosperidade da matilha. Portanto, todo cãozinho, por mais frágil que possa parecer, irá testar sua qualificação para assumir a liderança do grupo de que faz parte – inclusive a de sua matilha humana.

Quando um cão entra na adolescência, começa a pôr à prova sua capacidade de liderança. Se for bem-sucedido, iniciará a escalada para o topo da hierarquia da casa. Isso acarreta vários problemas, pois nós, humanos, não reagimos exatamente como cães submissos. Assim, mesmo indicando ao cão que ele é o chefe, somos sempre péssimos subordinados, uma vez que saímos de casa quando queremos, não repartimos com ele alimentos que o animal quer experimentar etc. Essa ambiguidade no relacionamento com o cão faz com que ele tenha de reafirmar a liderança o tempo todo, tornando-o confuso e ansioso.

Por consequência, um cão que se considera líder poderá apresentar vários sintomas, como não querer sair do lugar que escolheu para ficar, rosnando ou tentando morder quem tente fazê-lo se mover; não deixar que estranhos cheguem perto de seus donos; urinar por toda a casa; puxar a guia em seus passeios na rua; insistir para conseguir atenção ou comida; não permitir que o toquem; rosnar quando alguém tentar pegar um objeto que está com ele; revoltar-se quando deixado sozinho e; manifestar, ainda, outras atitudes que demonstrem que não acata nossas decisões.

Alguns desses problemas, se constatados isoladamente, podem não constituir sintomas de dominância; de qualquer modo, não devemos nos descuidar, mesmo que o cão pareça tranquilo. Ele deve entender que todos os membros da casa lhe são superiores na hierarquia da matilha.

Alguns cães são mais dominantes por natureza; por isso mesmo, precisarão ter mais limites do que os cães considerados submissos.

Outro motivo para nos assegurarmos de que o cão sabe que não é o líder, é que, muitas vezes, a liderança gera problemas de autoconfiança. Se o cão tem tendência a ser medroso e fica encarregado da segurança do grupo, poderá tornar-se agressivo ou, ainda, aumentar seu sentimento de medo quando defrontar situações que deveriam ser tranquilas para ele. Se o cão é medroso, mas sabe que está em segurança ao lado de seu dono "líder", ficará mais calmo e reagirá melhor. É muito comum que, sem nos darmos conta disso, indiquemos ao cão pequeno ou naturalmente submisso que ele é o chefe, pois nos parece inútil impor limites e ensinar boas maneiras a um cão já tão educado.

Para induzir o cão a respeitar a liderança do seu dono, o ideal é que o faça entender, desde o início, que as decisões são tomadas por você. É imprescindível fazer isso durante a fase de infância canina, pois quando os problemas começarem a acontecer poderá ser impossível reverter o entendimento, por parte do cão, da hierarquia. Veja em seguida algumas sugestões de procedimentos que podem ajudá-lo a manter a posição de líder.

Ensine comandos a seu cão

Uma das principais vantagens de ensinar comandos ao cão é o fato de que, ao obedecê-los, ele entenderá a posição hierárquica que ocupa na casa. Portanto, sempre que lhe oferecermos algum petisco, jogarmos uma bolinha ou lhe fizermos carinho, devemos pedir-lhe que ele obedeça a um comando. Não é tão difícil quanto parece, e é até divertido. Os cães adoram fazer gracinhas para conseguir o que querem. O importante é que você escolha a gracinha que ele deve fazer. Por exemplo, se ele se senta e estende a pata antes mesmo que você peça, pois viu que você está segurando um biscoito, ordene-lhe que se deite antes de recompensá-lo.

Alimente seu cão após as refeições humanas

O cão Alpha sempre come antes dos outros; portanto, se queremos assumir essa posição em relação aos cães, devemos nos alimentar antes que eles. É um hábito simples, mas que pode fazer uma grande diferença.

Acostume seu cão a se deixar manipular

Todo cão deve, desde pequeno, acostumar-se a deitar de barriga para cima no chão e permitir que seu corpo seja tocado. Essa manipulação deve ser realizada sempre que possível, e acaba sendo muito agradável para ele. Você pode aproveitar esse momento para checar problemas de pele, verificar a existência de parasitas e escovar seu animal. É importante que o cão saiba que só poderá se levantar mediante sua permissão, ao final do carinho ou da inspeção. Ele não deve conseguir se safar esperneando, aflito por se ver livre. Faça sempre um elogio, antes de liberá-lo dessa posição, falando algumas palavras como "parabéns" ou "muito bem".

Ensine seu cão a não puxar a guia

O líder sempre anda à frente de sua matilha e decide o caminho a ser seguido. Cães grandes não devem puxar a guia com impulsividade, assim o passeio ficará insuportável para o dono. Cães pequeninos muitas vezes acabam puxando demais. Você deve fazer o cão acompanhá-lo, não permitindo que ele imponha o ritmo da marcha. Essa questão será apresentada em detalhes mais à frente, neste livro.

Ensine seu cão a não passar antes de você pela porta

Nas situações em que o cão se mostra ansioso para entrar ou sair de um ambiente, é importante que ele espere você passar primeiro e só depois, sob seu comando, seja convidado a entrar ou sair. É fundamental discipliná-lo dessa maneira antes de levá-lo para passear, a fim de evitar atropelos na porta da casa, entrada do elevador ou embarque no automóvel.

Ensinar essa atitude é muito fácil: simplesmente obrigue seu cão a voltar à posição inicial logo após cada tentativa de sair, dizendo a palavra "espera" ou outra de sua escolha. Logo ele vai perceber que só conseguirá passar pela porta depois de seu comando "vem".

Ensine seu cão a não comer sem sua permissão

Proceda da mesma forma que no item anterior: coloque a comida no chão e empurre seu cão para trás, para longe do prato, toda vez que ele tentar comer sem a sua permissão. Libere-o para comer somente depois de um comando claro.

Ensine seu cão a ir para fora e a descer dos móveis

O cão deve saber que você tem mais direito do que ele sobre os lugares da casa. Portanto, se ele está em cima do sofá, você deve conseguir tirá-lo dali quando quiser. Diga a palavra "desça" e coloque-o no chão logo após o comando, caso ele não atenda sua ordem. Isso também vale para situações em que ele deve sair do ambiente: quando você ordenar que saia, ele deve obedecê-lo. Para isso, você pode treiná-lo, induzindo-o a sair com a oferta de uma recompensa ou colocando-o para fora sem deixá-lo resistir.

Não deixe seu cão dormir em sua cama

Deixar o cão dormir com você é uma ótima forma de torná-lo dominante. Muitas pessoas adoram dormir com seus cães, mas esse costume só deve ser adotado quando o animal não for dominante.

Não dê atenção ao cão sempre que ele pedir, e sim quando você desejar

É claro que você pode dar toda a atenção que deseja a seu cão. Mas é importante que ele saiba se conformar com sua indiferença nos momentos em que você estiver ocupado. Não ceda às chantagens de seu animal e ignore-o quando ele tentar chamar sua atenção com comportamentos desagradáveis. O ideal é obrigá-lo a obedecer a algum comando seu, antes de dar-lhe o que ele quer. Agindo assim, você não estará respondendo aos seus pedidos, e sim ele aos seus.

Mantenha o controle sobre os brinquedos de seu cão

Não permita que o cão se torne possessivo em relação aos brinquedos. É ótimo que ele adore os brinquedos que lhe pertencem, mas você deve conseguir pegá-los de volta quando quiser. Ensine o cão a voluntariamente lhe trazer o brinquedo, trocando-o por um petisco ou por outro objeto durante as brincadeiras.

Brincar de cabo de guerra pode ser bom para estimular seu cão, desde que você tenha certeza, com antecedência, de que irá ficar com o brinquedo no final: caso seu cão seja mais forte do que você, evite essa modalidade de divertimento.

Quanto mais dominante ele for, mais limites devem lhe ser impostos. Informe-se sobre a raça de seu cão antes de adquiri-lo. Afinal, as características genéticas são fortes. Se você adotou um sem raça definida, terá de esperar por sinais. Veja inicialmente se ele permite que você o segure no colo, se desvia os olhos quando você o encara, se mostra a barriga, deitando-se e virando-se de costas, e se urina quando você ralha com ele. Esses são alguns sinais de submissão, presentes no cão ainda filhote.

Como estabelecer limites

Definir regras desde o início de sua relação com um cão é a melhor maneira de fazer com que ele cresça educado e feliz. Se todos os proprietários de cães soubessem o quanto é produtivo, para nós e para nossos animais, estabelecer os limites assim que o animal chega em nossa casa, muito trabalho e frustração seriam poupados. Por exemplo: para um cãozinho é muito mais fácil viver sem subir no sofá se ele jamais fez isso – e, para tanto, basta que ele não consiga realizar essa façanha logo nas primeiras tentativas. O cão passará a vida tranquilo, sem nunca pensar em subir no móvel. Agora, se ele sempre pôde subir no sofá e, de repente, se vê impedido de fazê-lo, ficará frustrado e infeliz, passando a gastar muito tempo em tentativas para reconquistar esse privilégio.

Muitas vezes as pessoas deixam seus cães fazerem tudo o que querem e só depois, quando a situação se torna intolerável, é que tentam tomar alguma providência. Às vezes isso acontece porque ouviram falar que os cães só podem ser adestrados depois de 6 a 9 meses de idade, imaginando que eles só aprendem após esse período. Outras vezes, acham bonitinho tudo o que o filhote faz, e apenas quando ele cresce é que se dão conta de que aqueles hábitos inofensivos de sua infância são agora terrivelmente insuportáveis.

Na realidade, adestramento e educação são coisas diferentes, mas que se entrelaçam: um pode ajudar muito o outro. Sabemos muito bem disso quando educamos uma criança. A escola exerce grande influência em sua formação intelectual e socialização, mas a verdadeira educação é proporcionada pela família, em casa.

Com os cães não é diferente. A fase de crescimento vai definir como será o cão adulto; por isso, vale a pena se dedicar à educação do filhote durante o período de sua infância e adolescência, pois esse cuidado reverterá numa relação tranquila com o animal, no futuro. Um ano apenas de dedicação pode garantir quinze ou mais anos de bom convívio.

Informar-se sobre educação canina desde os primeiros dias de existência de um filhote pode ajudar muito, e ler sobre o assunto fará grande diferença. Atualmente há profissionais, especialistas em comportamento, que podem ajudar na educação do cãozinho, desde o dia em que você o ganha ou resolve adquiri-lo. Esses profissionais vão analisar o ambiente em que você vive e orientá-lo quanto à melhor maneira de educar o animal, além de ensinar você a dar-lhe comandos utilizando apenas recompensas.

Quando se decidir pela posse de um cão, é bom que já tenha delimitado que comportamentos não serão tolerados em sua companhia. Pense com antecedência no tamanho que seu animal terá ao chegar à idade adulta e imagine as dificuldades de convivência com ele que você e sua família podem vir a enfrentar.

Um pensamento comum, mas errado, é achar que muito amor e carinho tornarão o cão sempre manso e carinhoso.

Existem cães que, embora tenham sido sempre muito amados e bem tratados, de repente passam a agir com agressividade, até mesmo contra seus próprios donos. Isso no geral decorre da falta de imposição de limites, pois um cão que invariavelmente consegue tudo o que quer poderá desenvolver problemas de autoconfiança ou se tornar dominante. Por isso, mesmo que seu cão seja um pequeno Pinscher, criar algumas dificuldades para ele é um expediente que fortalecerá seu caráter, melhorando a convivência com sua família humana.

Algumas medidas simples que podemos tomar para ter um cão educado serão apresentadas a seguir.

Previna a destruição de objetos

Toda pessoa que já teve um cachorro em casa se lembra de algumas travessuras que ele aprontou quando filhote, assim como todo pai se recorda daquelas que seus filhos praticaram quando pequenos. Cães e crianças são muito semelhantes em seu desenvolvimento, e ambos vão experimentar tudo o que puderem em uma determinada fase. Por isso, se certos cuidados não forem tomados, podem, muitas vezes, meter-se em alguma enrascada, até mesmo correndo risco de sofrer um acidente.

Quando você levar um filhote para casa, deve estar ciente de que ele vai tentar mexer em tudo o que estiver a seu alcance. É claro que características individuais farão diferença, uma vez que existem cães mais e menos destruidores. Naturalmente, quanto maior for o porte do cão, maior será seu poder de destruição.

A fase destruidora dos cães costuma passar quando completam 1 ano de idade, embora raças pequenas quase sempre amadureçam mais rápido e raças gigantes continuem agindo como filhotes por um pouco mais de tempo. Até que o animal atinja esse estágio, você deverá tomar alguns cuidados.

Sempre que seu cão ficar sozinho em casa, procure mantê-lo em um espaço preparado para essa finalidade, onde as únicas coisas que ele possa danificar sejam os próprios brinquedos. É importante, aliás, procurar adequar os brinquedos às necessidades do cão. Algumas pessoas procuram dar-lhe apenas brinquedos indestrutíveis, mas esse é um grande erro. Em geral, esse tipo de brinquedo não é muito interessante, e o cão, apesar de gastar algum tempo se entretendo com ele, acabará se entediando, preferindo, então, atacar batentes, plantas e outros objetos.

É imprescindível que os brinquedos sejam seguros. Muitos cães mordem e rasgam artefatos de borracha mole, engolindo seus pedaços, o que pode provocar a própria morte. Procure adquirir brinquedos que não soltem tinta, sem conservantes e que não se partam em lascas duras ou pedaços pequenos quando mordidos, pois esses fragmentos podem ferir a boca do animal ou furar seus intestinos, se engolidos.

Os brinquedos comestíveis, como ossos ou ossinhos de couro, ou ainda bolas grandes, cordinhas, brinquedos de madeira etc., são os mais adequados. Atualmente existem brinquedos que soltam pedacinhos de comida à medida que o cão brinca mordendo-os – essa é uma ótima opção quando o animal tiver de ficar muito tempo sozinho. Você também pode improvisar um brinquedo, utilizando bolas de pano recheadas com isopor, ração ou folhas. Outra possibilidade é usar uma garrafa plástica vazia. Para isso, basta remover sua tampa e colocar dentro dela petiscos, fazer alguns buracos no vasilhame e mantê-lo destampado. O ideal, nesse caso, é que os petiscos sejam pequenos e que saiam facilmente quando o cão tentar apanhá-los, se ainda for um filhote. Porém, conforme o animal cresce e aprende a brincar, o tamanho dos petiscos pode ser aumentado, de modo que ele gaste mais tempo na tentativa de comê-los, jogando e mordendo a garrafa.

Quando você estiver com seu cão, aproveite para incentivá-lo a afeiçoar-se aos próprios brinquedos e a ignorar os outros objetos. Todos os cães devem ser estimulados a se ligar eternamente a seus brinquedos, conservando-se psíquica e fisicamente saudáveis.

Para que seu cão perceba quais objetos não devem ser pegos, você precisará de atenção e persistência. A melhor forma de fazer com que ele desista é impor-lhe a frustração, ou seja, não permitir que consiga o que almeja. Por exemplo, se o filhote começa a se aproximar de um chinelo, espere até que esteja prestes a pegá-lo e, então, diga "não" em um tom de voz firme, empurrando o cãozinho para longe do objeto. Faça isso de forma rápida, mas nunca lhe dê um tapa ou o agrida. Lembre-se de que a intenção é somente tirá-lo de perto. Você deverá repetir esse gesto quantas vezes forem necessárias, prontamente e sem hesitar. Quando o cãozinho desistir do chinelo, procure um brinquedo dele e o incentive a brincar. Cada vez que fizer isso com um objeto novo, que desperte a atenção do filhote, ficará mais fácil convencê-lo a desistir – e assim, com o tempo, o seu "não" será suficiente para que ele perceba que não vale a pena insistir.

Se o cãozinho já logrou pegar o chinelo, a questão fica bem mais complicada. Persegui-lo enquanto ele corre com o chinelo na boca só vai diverti-lo ainda mais. Por isso, se possível, faça com que se interesse por um de seus brinquedos e, quando ele desistir do objeto proibido, brinque bastante, permanecendo com o chinelo por perto, mas impedindo-o de apanhá-lo de novo.

Nunca troque um objeto roubado por comida, ou seu cão começará a se apoderar de coisas proibidas de propósito. Se ele gosta dessa brincadeira, repita-a, usando um brinquedo dele, e nas próximas vezes que o cão o trouxer para você troque-o por um petisco. Utilizando-se desse expediente, seu cão aprenderá a devolver o brinquedo para você jogá-lo de novo, continuando a brincadeira.

Acostume seu cão a dormir sozinho

Acostumar seu cão a dormir sozinho o poupará de muitos problemas no futuro. Caso tenha decidido deixar que ele durma com você, em um tapete ou cesto no quarto, ou em sua própria cama, pense no que acontecerá cada vez que você não estiver em casa, quando precisar viajar ou quando tiver de levá-lo a um lugar onde ele não poderá dispor de sua companhia para dormir.

Um cão acostumado dessa maneira ficará muito infeliz quando não puder estar a seu lado. Muitas vezes o animal cria uma dependência tão grande, que sofre intensamente com a ausência do dono. Cães com essa índole podem deixar de comer e até mutilar-se, em razão do estado de ansiedade em que ficam. Muitos proprietários acabam se privando de sair e de viajar porque seus cães simplesmente parecem que vão morrer quando se veem separados deles.

Um filhote, porém, acostuma-se muito rápido a ficar sozinho à noite. Mesmo que manifeste sua carência de companhia chorando ou gemendo, supera essa necessidade em mais ou menos uma semana. O importante, para que isso ocorra, é ignorar completamente o choro, pois, se você começar a falar com ele para acalmá-lo, estará mostrando que chorar produz bons resultados. Uma bronca também funciona, embora a indiferença seja preferível. Se o cão nunca foi recompensado anteriormente pelo choro, deverá se aquietar em, no máximo, 30 minutos.

No entanto, se você realmente gosta de ter o cão a seu lado, em sua cama, habitue-o primeiro a dormir sozinho e, mais tarde, quando ele estiver acostumado, comece a abrir exceções. Faça com que ele durma só até pelo menos os 6 meses de idade e, depois, obrigue-o a dormir sozinho em algumas ocasiões. Agindo assim, você terá um cão muito mais independente, autoconfiante e adaptável.

Você também pode facilitar a vida de seu cão dando a ele uma caixa de transporte ou uma casinha. Cães são animais de toca. Essa é uma característica que a maioria das pessoas desconhece. Com certeza você já reparou que seu cão gosta de se enfiar em lugares apertados, como embaixo do sofá, armários etc. Embora muita gente tenha pena de colocar cães em caixas de transporte, a verdade é que eles adoram uma casa pequena, desde, é claro, que ela tenha espaço suficiente para permitir que o animal consiga se virar lá dentro. Cães se sentem seguros e aconchegados quando se instalam em locais de dimensões exíguas, onde podem se encerrar entre paredes que distam pouco entre si. Uma casinha é muito importante, pois sempre que eles estiverem um pouco cansados ou estressados por algum motivo, poderão recorrer a esse cantinho só deles. A caixa de transporte tem ainda a vantagem de ser portátil, e sempre que o seu cão necessitar ir a um lugar diferente levará o "quartinho" com ele.

Não deixe que seu cão suba nos móveis

Existem duas boas razões para não permitir que o cão suba nos móveis da casa. A primeira é a conservação destes. A segunda é que o cão deve entender que nós, humanos, temos mais direitos do que ele. Impedi-lo de subir nos móveis é um bom meio de demonstrar essa condição.

Nada impede que você escolha uma velha poltrona para destiná-la ao cãozinho: ele será capaz de distinguir facilmente o lugar que lhe é reservado entre os demais.

Se seu cão tentar subir em um sofá proibido, tente pegá-lo enquanto realiza a tentativa, diga a palavra "não" com firmeza e coloque-o bruscamente no chão. Esse comando deve ser dado antes que o cão possa se acomodar em cima do móvel. Você deve frustrar sua tentativa logo no início; caso contrário, ele vai acreditar que tentar subir no móvel sempre vale a pena, pois perceberá que consegue permanecer por alguns momentos sobre o objeto desejado.

Se seu cão já é acostumado a se acomodar em cima dos sofás e você quer-lhe tirar esse hábito, a tarefa será muito mais difícil. Uma sugestão é aproveitar a troca de móveis para facilitar a assimilação do novo hábito pelo cão. Dessa forma, será introduzida uma regra nova – "neste sofá você não poderá subir" –, em vez de se alterar uma regra já existente – "você podia subir neste sofá, mas agora não pode mais".

Modificar regras em vigor exige muita persistência e atenção, pois não podem ocorrer falhas ao longo do processo. Assim, se você precisar sair, por exemplo, e não há ninguém em casa para impedir que o cão suba no sofá, prenda-o em outro ambiente ou prepare o móvel de modo que o animal não consiga subir nele, ocupando o assento com vários objetos. Se o cão for muito insistente, uma armadilha pode ser preparada para ele: a colocação de pedaços de fita adesiva com a cola voltada para cima é uma alternativa para afastá-lo de seu objetivo. Mas lembre-se: quer esteja corrigindo um hábito adquirido ou prevenindo o desenvolvimento de um comportamento não desejável, jamais crie impedimentos para o cão recorrendo a expedientes que possam lhe causar ferimentos.

Ensine seu cão a não pular nas pessoas

Essa instrução é necessária para cães de grande porte, quase exclusivamente, uma vez que, ao pular nas pessoas, podem machucá-las, sujá-las ou derrubá-las. Devemos lembrar, entretanto, que se não pudermos fixar a regra, é melhor desistir dela e procurar uma alternativa para as situações em que os saltos constituam um problema.

Se o cão ainda é filhote e você o ignorar quando ele pular em suas pernas, o animal tenderá a manifestar esse comportamento cada vez com menos frequência, até abandoná-lo por completo. O ideal é mostrar ao cão como você quer que ele se comporte para ganhar carinho e atenção. Nesse caso, ensine-o a sentar com o uso de petiscos ou a permanecer em uma outra postura, que demonstre sua necessidade de afeto.

Se você possui um cão muito agitado e alegre, que não consegue reprimir sua ansiedade quando o vê chegar em casa, é preciso ignorá-lo quando ele se mostrar muito ansioso, só lhe falando quando ele estiver mais calmo. Você também pode tentar contornar sua ansiedade chamando sua atenção para um brinquedo, expediente que pode ser posto em prática pela manhã, após você despertar, ou assim que chegar em casa. Depois de algum tempo, o cão passará a esperá-lo já com o brinquedo na boca, e assim não irá pular, nem puxar sua roupa etc. Uma vantagem adicional desse recurso é que, quando estiver sozinho, ele poderá brincar mais, pois o brinquedo terá um significado especial para ele.

É comum que as pessoas procurem solucionar o problema dos pulos com broncas. Na verdade, porém, o animal entende as reprimendas como uma recompensa para seus saltos, invalidando nossos esforços de fazê-lo conter-se.

Quando o cão despreza as advertências, apesar do tom alterado de nossas vozes ao formulá-las, devemos procurar uma alternativa eficaz, mas que não implique em agressão ao cão. Um bom exemplo é utilizar um borrifador com água pura, com água misturada a óleo de citronela ou a alguma substância de gosto ruim, mas que não cause nenhum mal. Deve-se borrifar a mistura na boca e nariz do cão no exato instante em que ele levanta as patas do chão.

Lembre-se: é importante não errar o momento, ou seu cão não conseguirá entender como se livrar do desconforto. Em contrapartida, recompense o seu cão todas as vezes em que recebê-lo sem pular e, de preferência, todas as vezes que sentar em vez de saltar, pois ele deve conhecer alguma possibilidade de ganhar a atenção.

Ensine seu cão a ficar fora da casa ou de outros ambientes

Como tudo o que já foi dito até aqui, é muito fácil ensinar seu cão a ficar fora de casa, se ele nunca foi acostumado a entrar. Se você deseja que seu cão não entre em casa ou em determinados ambientes, deve certificar-se de que ele não conseguirá entrar nunca. Para isso, deixe a porta aberta quando alguém estiver vigiando e, assim que o cão coloque a pata para dentro, diga "não", levando-o para fora. Ele aprenderá bem rápido. Inicialmente, procure deixar as portas fechadas quando ele está sozinho. Mais tarde poderá mantê-las abertas: o fundamental é verificar que o cão não está tentando entrar em nenhuma circunstância.

Ainda que você permita a seu cão circular sem problemas por toda a casa, pode ensiná-lo a não entrar em ambientes que estão, de certa forma, "marcados". Para isso, coloque um objeto qualquer na frente da porta e não o deixe passar quando o objeto estiver ali. Os cães também podem aprender a não entrar em outros ambientes, como casas de parentes ou amigos e supermercados. Ensinar essa atitude a seu cão pode garantir que ele seja bem-vindo em lugares onde não seria possível levá-lo.

Acostume o cão a aguardar no interior do automóvel

Por incrível que pareça, os cães gostam muito de ficar dentro de um automóvel. Para eles, o carro de seu dono traz a lembrança de sua própria casinha, um lugar seguro onde podem se esconder, descansar e dormir tranquilos.

Como ocorre com algumas crianças e adultos, certos cães também enjoam quando andam de carro nas primeiras vezes, mas a solução para esse desconforto é simples: leve seu cão para passear de automóvel frequentemente, por um percurso curto. Se houver uma praça próximo a sua casa, leve-o até ela de carro, mesmo que o local fique perto o suficiente para que se vá até lá caminhando. É importante que o destino final seja agradável; levar o cão de carro apenas ao veterinário ou para tomar banho irá criar uma associação ruim.

No princípio, tente deixá-lo sozinho dentro do automóvel apenas por um breve período, em saídas como, por exemplo, para deixar seu filho na escola, comprar pão ou devolver um filme na locadora. À medida que o animal se acostumar com a situação, aumente o intervalo durante o qual ele deve permanecer no interior do carro. Nunca se esqueça de que o local de estacionamento do veículo deve ser fresco e ventilado. Assim como ocorre quando transportamos crianças, é perigoso deixar o carro estacionado sob o sol em dias quentes, mesmo que o vidro esteja um pouco aberto.

Se o cão aprender a ficar dentro do automóvel, poderá participar ainda mais da rotina de seus donos e, usufruindo de sua companhia por mais tempo, tornar-se mais calmo e feliz.

Acostume o cão a ficar preso na guia

Assim como ensinar o cão a permanecer dentro do carro permite a ele participar mais da rotina de seus donos, acostumá-lo ao uso da guia faz com que o animal acompanhe seu proprietário em caminhadas a pé, aguardando-o com tranquilidade se, porventura, a pessoa entra em um estabelecimento como padaria, supermercado ou locadora de filmes. É comum, nos dias de hoje, que lojas de grande circulação ofereçam áreas especiais onde os cães podem ficar amarrados, à espera de que seus donos realizem compras.

Não é difícil acostumar seu cão a ficar preso na guia, aguardando por você. Para alcançar esse objetivo, comece prendendo o animal por pouco tempo e permaneça em sua área de visão. Solte-o apenas quando ele não estiver chorando, latindo ou tentando se libertar. Ao regressar para junto dele, procure "não fazer festa", e tire-o do local de espera como se nada houvesse acontecido.

Essas atitudes simples são valiosas para prevenir a ansiedade do animal. Aumente o intervalo durante o qual o cão deve esperá-lo gradativamente, e somente saia de seu campo de visão quando ele estiver calmo e confiante.

Ensine seu cão a se comportar de maneira agradável na presença de visitas

Para incutir no cão essa atitude, não permita que ele faça em sua presença o que não deseja ver repetido diante de visitas. Já comentamos esse aspecto da educação do filhote em outra passagem, mas, dado seu caráter fundamental, nunca é demais frisá-lo.

Não esqueça também que as regras estabelecidas devem ser objetivas e claras. Exceções e ambiguidades poderão tornar o cão confuso e pouco confiante.

Em geral, os cães se comportam, em relação às visitas, da mesma forma que o fazem em relação às pessoas da casa. Muitas vezes, porém, esperamos que eles assumam um comportamento diferente simplesmente porque as pessoas são visitantes – afinal, é assim que todos nós agimos.

Se você deseja que seu cão mude de comportamento quando na frente de convidados, terá de orientá-lo especialmente para essa finalidade, lançando mão de algumas estratégias. Você pode, por exemplo, ensiná-lo a ficar fora da sala, colocando uma marcação na porta – como já foi explicado – ou oferecer-lhe biscoitos para mostrar e recompensar o novo comportamento.

Alguns cães, mais sensíveis e espertos, gostam de chamar a atenção quando em presença de visitas ou em situações nas quais percebem que não estamos em condições de lhes dar uma bronca. Também ocorre, algumas vezes, de se sentirem excluídos, passando a cometer as maiores peraltices para se fazer notados.

É imprescindível que o cão participe ao máximo de todas as atividades da casa onde vive, aprendendo como agir nas mais diversas circunstâncias. Isso fará dele um animal bem-comportado, que sem dúvida chamará a atenção das visitas. Mostrar as gracinhas que ele sabe fazer vai agradar aos visitantes e deixá-lo satisfeito.

No entanto, existem casos de cães agressivos com as visitas, e de outros que sentem medo delas. A esse respeito, cabe um esclarecimento importante: a maioria dos cães que manifesta agressividade diante de estranhos apresenta esse comportamento ligado ao medo – trata-se de reflexos de falta de socialização no tempo em que o cão ainda era filhote (com a idade entre 50 a 90 dias) e/ou de falta de liderança. Aulas de adestramento em grupo podem auxiliar muito na superação desse tipo de problemas.

Não dê comida a seu cão durante as refeições humanas

Se você e sua família costumam dar porções de alimentos a seu cãozinho enquanto fazem as refeições, provavelmente ele se tornará um cão "pidão".

Nessas ocasiões o cão começa, quase invariavelmente, a pedir comida recorrendo a trejeitos, olhares suplicantes e apelos irresistíveis (como latidinhos ou grunhidos), e acaba comovendo toda a família, em especial as crianças – que, carinhosas, oferecem-lhe desde pedacinhos de carne e pão com manteiga até batatas fritas. Depois de breve tempo, entretanto, o animal abandonará esses artifícios, passando a pular nas pessoas, enquanto late sem cessar e tenta abocanhar a comida posta sobre a mesa.

Se seu cão já age dessa maneira, procure ensiná-lo a ficar fora da sala de jantar ou da cozinha nos momentos em que você está fazendo suas refeições. Tudo bem se ele ficar deitado na porta, mas deve ser impedido de entrar no ambiente à menor tentativa que faça para isso.

Se você se inclinar a transigir e quiser dar-lhe algum alimento, pense nas consequências futuras: seu cão poderá se tornar um ladrãozinho, pois, após sentir o sabor de pratos diferentes e apetitosos, será difícil resistir quando tiver esse alimento a seu alcance. Assim, ele ficará mendigando um bocado durante todo o tempo em que você estiver comendo, enquanto ostenta a mais convincente expressão de desamparo.

Uma ótima dica para quem não resiste a assédios desse tipo e sente necessidade de agradar o animal quando faz as refeições é levantar-se da mesa e, em outro ambiente, oferecer-lhe ração ou outro alimento de que ele goste. Também é importante mostrar-lhe que maneiras desagradáveis de pedir irão surtir o efeito contrário. Para reforçar esse comportamento, sempre que for dar um biscoito a seu cão, esconda-o a seguir, colocando a mão nas costas toda vez que ele tentar tomá-lo de você, pular ou latir. Dê o biscoito apenas quando o cão estiver esperando pacientemente ou responder de forma positiva a algum comando seu.

Evite que seu cão ladre em excesso

Antes de mais nada, saiba que existem raças mais propensas a latir do que outras. Cães das raças Pastor-alemão, Schnauzer Miniatura e Pastor de Shetland costumam latir bastante, enquanto Rotwaillers, Akitas e Huskys latem pouco ou não emitem nenhum som. Portanto, se você não suporta latidos é melhor pesquisar bem antes de adquirir um cão, uma vez que a escolha da raça vai facilitar muito o convívio de vocês.

Latir é natural para os cães. Entretanto, latir sem parar, para chamar a atenção ou ladrar e chorar – em especial quando o animal é deixado sozinho – acaba se tornando um problema.

Para cada caso existe uma solução específica. Por isso, é importante identificar a causa do comportamento irrequieto do cão antes de gritar com ele. Aliás, cabe aqui um alerta: quanto mais barulhenta for sua casa, mais barulhento será seu cão.

Os cães podem latir por diferentes motivos:

• **Tédio** – Alguns cães latem para se distrair. Isso significa que precisam de mais oportunidades de atividade em seu dia. É impossível resolver esse problema sem ir diretamente à sua causa. Assim, verifique se seu cão necessita encontrar alguma distração, realizar passeios mais longos, participar de brincadeiras que exijam mais esforço físico e mental ou se reclama um convívio mais estreito com as pessoas.

Às vezes, o cão está tão condicionado a esse comportamento que pode ser necessário algum tipo de reforço negativo para que seu hábito seja alterado. Mas é importantíssimo, para punir esse tipo de comportamento, que a bronca seja despersonalizada; isso significa que o cão não deve perceber que a bronca está relacionada à presença de alguém. Jogar um objeto barulhento perto de onde ele se encontra ou lançar um jato de água ou objeto macio e leve em cima do cão, são boas estratégias. A punição deve ser aplicada logo após o momento em que o cão começa a latir, ou ele terá dificuldade para entender o que está fazendo de errado.

• **Atenção** – Muitos cães latem para chamar a atenção de seus proprietários. Se o animal faz isso com frequência, é porque sabe que terá êxito em sua tentativa. Nesse caso, o primeiro e mais importante passo é desprezar os latidos; depois, deve--se ensinar ao cão um comportamento alternativo mediante o qual ele se faça notado (por exemplo, trazer um brinquedo). A punição do latido deve ser o último recurso. Se ela se tornar inevitável, não poderá ser feita apenas verbalmente, ou o animal a interpretará como atenção: a utilização de um borrifo de spray de água assim que o cão começar a ladrar é uma boa opção para essa situação.

• **Solidão** – Há cães que latem e choram assim que seus donos saem de casa. Esse quadro pode se agravar, originando um problema chamado ansiedade de separação. Por isso, acostumar o filhote a ficar sozinho desde cedo é fundamental. Se for preciso, deixe-o a sós apenas por alguns instantes, mas volte para sua companhia apenas quando ele não estiver mais chorando. É importante que você aumente o tempo de isolamento aos poucos, pois, se ele conseguir passar trinta minutos sozinho, estará pronto para ficar nessa condição por horas.

O proprietário deve, também, controlar sua própria ansiedade, evitando tentar compensar o cão que foi deixado sozinho assim que abrir o portão de casa ou a porta do apartamento.

Se o animal está triste por ficar isolado e a chegada de seu dono representa um momento de extrema excitação e alegria, ele aguardará, cada vez com mais expectativa, a realização desse evento tão especial. Por isso, tanto a partida quanto o regresso das pessoas com que convive devem transcorrer da forma mais natural possível. Saia de casa como se estivesse indo só até a esquina e, se o cão se mostrar excitado demais, não fale com ele até que se acalme. É difícil, mas funciona: aja assim pelo bem de seu animal. Em seu regresso, também é útil relacionar o seu contato com algum brinquedo, pois isso permitirá que o cão o pegue para se divertir, quando sentir saudade de você. Provavelmente, depois de algum tempo ele o esperará com o brinquedo na boca.

Brigas entre cães

Algumas raças são briguentas por natureza. Mesmo assim, muitas pessoas acreditam que seu cão é de índole invariavelmente pacífica – até que algum fato sério aconteça.

É natural que filhotes não briguem. Na realidade, eles costumam brincar de um modo que pode parecer meio violento, mas isso faz parte de um aprendizado importantíssimo, referente à socialização do animal.

Socializar o filhote é a melhor maneira de ter um cão manso. O cão começa a demonstrar agressividade na adolescência (de 8 a 12 meses) ou quando realmente se torna adulto (de 1 a 2 anos).

É importante ficar atento aos sinais de que o animal está disposto a brigar: cães que se encaram com o corpo empertigado e as orelhas esticadas ou com a cauda em pé podem estar prestes a se confrontar.

A agressividade pode ter várias causas, e as principais são medo e/ou dominância – mas nem sempre é simples observar a diferença entre esses dois fatores. Por isso, se você tiver problemas sérios com a agressividade de seu cão, deve procurar ajuda profissional.

Na maioria dos casos, uma vez que o cão comece a se envolver em brigas, terá dificuldade para voltar a ser sociável. Ele poderá aprender a se controlar na sua presença, mas para isso precisa entender que você é o líder.

Cães que apresentam agressividade por medo são os casos mais complicados, por dois motivos: primeiro, porque seus ataques costumam ser imprevisíveis; segundo, porque a correção dessa atitude envolve um longo trabalho de associação da presença de outros cães com situações agradáveis.

O comportamento do dono é determinante no desenvolvimento da agressividade do animal. Algumas pessoas, por exemplo, acariciam o cão que está latindo e rosnando para tentar acalmá-lo, sem saber que isso constitui uma medida equivocada. De fato, o animal entende esse gesto como reforço para o comportamento que está demonstrando, mesmo que naquela circunstância sinta medo.

De modo semelhante, há situações em que o dono, por receio de outros cães, puxa o animal para perto de si quando outro se aproxima. Ao revelar seu nervosismo com essa precaução, o cão entenderá que seu dono considera o outro animal uma ameaça, assumindo uma postura hostil para defendê-lo.

Outra atitude que aumenta a agressividade do cão é permitir que ele puxe a guia. É fácil notar que alguns cães demonstram sua agressividade apenas quando estão na guia, comportando-se naturalmente quando soltos. Por isso, procure manter a guia solta quando outro cão se aproximar e, se seu cão latir ou rosnar, esticando a guia, dê uma puxada forte nela, forçando em seguida o animal a se postar a seu lado. Repita o procedimento quantas vezes for necessário, até que ele entenda que não vai conseguir arrastá-lo, permanecendo junto de você com a guia solta, sem latir ou rosnar.

Quando cães que vivem no mesmo imóvel se tornam agressivos, surge um problema de difícil solução. Por isso, se você já possui um cão e está pensando em trazer outro para a mesma casa, é bom considerar alguns pontos:

• **Raça** – Existem raças extremamente sociáveis, como Labrador, Golden e Beagle, enquanto outras o são muito pouco, como Rottweiller e Akita.

• **Sexo** – Cães de sexo diferente brigam menos entre si. Assim, se você possui um animal briguento ou muito possessivo, é melhor que o outro seja do sexo oposto, mesmo que para isso um dos dois precise ser castrado.

• **Tamanho** – É mais raro acontecer brigas entre cães de tamanho muito diferente, pois nessa condição eles têm mais facilidade para estabelecer uma hierarquia.

• **Personalidade** – Se você já possui um cão que apresenta características de dominância, é melhor que o outro seja submisso, pois dois cães de temperamento forte terão problemas para estabelecer a hierarquia.

Em suma, quanto mais diferentes entre si forem os cães, menor será a possibilidade de que se tornem rivais – a menos, é claro, que ambos sejam sociáveis por natureza.

É comum atritos na convivência entre cães. Porém, é recomendável deixar que eles resolvam sozinhos seus problemas, pois já se constatou que, na maioria das vezes, o envolvimento das pessoas piora o relacionamento entre eles.

Os cães precisam estabelecer uma hierarquia, e nós, humanos, precisamos saber como respeitá-la. Assim, nunca tente compensar o mais fraco privilegiando-o, já que isso fará com que o outro procure reafirmar sua liderança o tempo todo – acarretando, portanto, mais brigas. Aliás, sempre dê alimentos e atenção primeiro ao cão dominante, por mais injusto que isso possa parecer.

Em situações de briga, tome muito cuidado, pois mesmo que seu cão seja manso com você, nesse momento estará mordendo, sem perceber, tudo o que encontrar pela frente. O ideal é usar água pura e em temperatura normal ou uma diluição de óleo de citronela para separar os cães. Apenas em último caso duas pessoas devem separar os animais, pegando-os pelas patas traseiras.

Agressividade em relação a pessoas

Esse é um problema cuja prevenção é simples: basta impor limites ao animal e promover sua socialização.

É claro, porém, que existem situações em que é normal que o cão seja agressivo, especialmente se a raça for mais territorialista; por outro lado, não se espera que um Retriever do Labrador seja agressivo em nenhuma hipótese, embora isso aconteça frequentemente.

O importante é que o cão tenha discernimento suficiente para reconhecer o que é uma circunstância suspeita, como quando um desconhecido entra sozinho na casa ou alguém usa de agressividade contra seu dono. O bom cão de guarda não é um cão bravo, e sim um cão equilibrado. O ideal é que ele goste de visitas, contanto que estas lhe sejam apresentadas por um membro da família.

Assim como a agressividade manifestada em relação a outros cães, os ataques a pessoas costumam acontecer motivados por dominância ou por medo.

No caso dos ataques por dominância, quase sempre o cão avisa que não está gostando da atitude da pessoa. Por isso, lembre-se: em geral o cão rosna antes de morder.

O cão dominante pode até começar a morder de um instante para outro, sem fazer nenhuma advertência, mas sempre indica que se considera o dono da casa. Esses sinais de propriedade podem ser, entre outros: rosnar quando tentamos tirá-lo de cima dos móveis ou quando tentamos pegar um objeto que está com ele; fazer xixi pela casa inteira, não entendendo ou ignorando nossas ordens – também uma demonstração de dominância.

Muitos proprietários ficam zangados com o animal quando este os contraria, e tentam puni-lo de alguma forma, em represália. Todavia, se à punição não for aliada a remoção da causa da agressividade do cão, pode acontecer que ela aumente ainda mais.

No geral, a tentativa de morder é consequência de uma educação na qual os limites para determinados comportamentos não foram estabelecidos. Assim, se desejarmos solucionar o problema da agressividade do animal, deveremos modificar a maneira de lidar com ele no dia a dia.

Para promover essa alteração de hábitos, algumas sugestões são feitas no subitem "O cão como dono da casa", apresentado anteriormente. Seria ótimo que você tornasse a lê-las, antes de tomar alguma providência inadequada.

No caso da agressividade decorrente do medo, os ataques são ainda mais perigosos, pois o cão não ignora a força que tem. Quando executa um ataque para impor sua dominância, ele suspende a agressão assim que o outro se submete; se, porém, estiver apavorado, poderá prosseguir com as hostilidades, sem que nada o detenha.

O cão que ataca por medo não costuma agredir os donos da casa, a não ser que exista também uma relação de dominância associada ao medo, o que não é nada incomum. Para prevenir essa situação, primeiro devemos nos certificar de que o animal não se considera líder; depois, aos poucos, associar elementos agradáveis com o evento que o estressa.

Já as situações que deixam o cão em pânico devem ser evitadas; é preciso que o animal seja exposto a elas aos poucos, acostumando-se gradativamente com pequenas variações no ambiente, até que possa enfrentar os elementos pelos quais se sente ameaçado sem se estressar. Assim, se, por exemplo, o cão tem medo de pessoas estranhas, não se deve forçar sua aproximação delas. É importante que ele tenha liberdade para chegar perto de desconhecidos apenas quando desejar fazê-lo.

A pessoa estranha ao cão, em contrapartida, não deve encará-lo e, se puder ficar diante dele de cócoras, o animal se sentirá mais seguro.

Para que ele se acostume com a presença da visita, associando-a a um fator de bem-estar, o dono deve oferecer-lhe petiscos. Cada vez que o fizer, porém, depositará os petiscos gradualmente mais perto do visitante. Por fim, é a visita que deverá presentear os petiscos ao cão, a princípio colocando-os no chão e depois os oferecendo em sua própria mão. Se o cão se mostrar confortável e confiante, a pessoa poderá acariciá-lo, mas sempre com cautela, tocando-o apenas no peito.

Esse processo de aproximação social deve ser estabelecido com o maior número possível de pessoas, primeiro num ambiente que o cão já conheça e depois fora de casa. Sempre que o animal se mostrar nervoso demais, será preciso recuar nos ensinamentos, respeitando os limites que apresentar na ocasião.

Muitos outros fatores podem influenciar positivamente a autoconfiança do cão: a prática de esportes, passeios, viagens e o próprio adestramento têm um enorme impacto sobre seu desenvolvimento emocional.

Você já reparou como ficamos felizes, relaxados e confiantes depois de superar um desafio? Pois considere que, com os cães, ocorre algo semelhante: eles necessitam de desafios, uma vez que é por meio da vitória sobre eles que vão crescer, amadurecer e gastar a energia que possuem de sobra.

Convivência dos cães com outros animais

Todos os animais podem se acostumar a conviver com outras espécies, mesmo que um seja o predador do outro, desde que tal convívio ocorra na infância.

Cães podem se habituar a viver com quaisquer animais, como gatos, coelhos, papagaios, tartarugas etc. Algumas raças são naturalmente mais predispostas a essa socialização. Assim, por exemplo, é mais fácil acostumar um Fila a conviver com galinhas do que um Pointer.

Com relação a gatos, é mais fácil um cão se acostumar com um filhote de gato do que um gato adulto se habituar com um filhote de cão, a menos que o cão já tenha um histórico de problemas com gatos. Você pode manter seu cão sociável em relação a outros animais levando-o a sítios e fazendas desde quando ainda são filhotes, ou mesmo visitando em sua companhia pet shops e feiras de animais.

Mudando velhos costumes de seu cão

Alguns hábitos dos cães são instintivos e, por isso, dificilmente poderemos modificá-los – como, por exemplo, a tendência que apresentam os machos de parar a todo momento para fazer xixi. Se estivermos conduzindo o cão preso na guia, podemos obrigá-lo a não parar, mas sua obediência a esse comando se restringirá àquele momento – seu instinto não terá sofrido nenhuma alteração.

José Carlos Silva, catador de papel, com sua cachorra Princesa

Outros hábitos, porém, podem ser contornados com mais facilidade e eficiência. É o caso da mania de cavar. Se o cão gosta de abrir buracos sempre no mesmo lugar, basta enterrar nesse local um pouco das fezes dele e será grande a probabilidade de que o animal deixe de mexer ali. Uma vez que o sucesso dessa medida depende do comportamento do cão, podem surgir situações para as quais a única solução é criar um espaço reservado para o filhote cavar – como um pequeno tanque de areia – e, assim, preservar o restante do jardim ou do quintal.

Também é importante compreender que alguns cães, principalmente os de raças que possuem um instinto acentuado de caça, costumam camuflar seu cheiro natural rolando e se esfregando sobre excrementos de outras espécies, como vacas e cavalos. Agindo assim, passam a cheirar como um animal inofensivo, o que aumenta a chance de se aproximarem de sua presa.

Procurar entender as inclinações que o cão apresenta, segundo os instintos inerentes à sua raça, é fundamental para que nos adaptemos ao convívio com ele, desfrutando o prazer de sua companhia. Afinal, conviver com um cão não se reduz a tolerar inconvenientes como um pouco de baba e pelos na roupa, ou de bagunça pela casa. Faz parte da interação que devemos estabelecer com o animal não só a preocupação em dar-lhe atenção, mas igualmente a consciência de que não devemos esperar que o animal se amolde totalmente às necessidades do proprietário – o que, aliás, jamais acontece.

O ensino do cão

Examine-se primeiro

Como já foi comentado, os cães costumam reproduzir aspectos do comportamento de seus donos.

A maioria das pessoas escolhe um cão com o qual se identifica de alguma forma, ou que possui qualidades que ela mesma gostaria de ter – é daí que se originam as semelhanças entre proprietário e animal. Além desse fato, há o desenrolar da convivência: em seu decorrer, o comportamento do cão se molda, influenciado pelas atitudes dos indivíduos de sua família. Portanto, se você é agitado e ansioso, é bem provável que seu cão também se torne um animal irrequieto.

É fundamental saber reconhecer o quanto do nosso temperamento estamos passando ao animal para conseguirmos trabalhar corretamente. O trabalho de aprendizagem ocorre de modo bilateral: o cão aprende a se comunicar conosco e nós aprendemos a nos comunicar com ele.

O adestramento implica mais do que simplesmente fazer o cão obedecer comandos. Executado da maneira correta, ele estreita o relacionamento e torna a pessoa e o cão mais compreensivos e tolerantes. Muitas pessoas começam o adestramento chamando seus cães de burros e teimosos, mas logo percebem quanto estavam enganadas e isso reflete na maneira de se relacionar com o animal.

Um erro comum das pessoas é, ao tentarem corrigir o comportamento da maneira errada, desencadear um ciclo vicioso onde cada vez mais o cão fica inseguro e insubordinado, e a pessoa cada vez mais frustrada e agressiva. Esse ciclo deve ser quebrado, e a boa relação, restabelecida. Para isso é necessário que a pessoa ensine coisas ao cão por meio de exercícios organizados e que baseie pelo menos uma parte do aprendizado no uso de recompensas.

É preciso paciência e racionalidade para educar e adestrar um cão, pois atitudes impulsivas em geral deixam o cão confuso. É preciso pensar antes de cada bronca e a cada problema que encontramos.

Existem donos que são naturalmente bons educadores: em geral, são pessoas de pulso firme e que não se deixam manipular. Isso não quer dizer que não sejam carinhosos com seu cão, mas sim que gostam de ter as coisas no devido lugar e tomam uma atitude logo que veem algo errado: por exemplo, quando o cão insiste em entrar num lugar proibido, o bom educador tira o cão imediatamente e, assim, irá repetir quantas vezes for necessário para que o cão desista. Neste aspecto, os homens costumam ganhar das mulheres, pois são quase sempre mais firmes e decididos. Os homens também geram mais respeito dos cães pela voz grossa e postura firme. É comum ver cães que mudam completamente o comportamento quando o pai da família chega em casa.

Entretanto, existem pessoas que têm muita dificuldade em obrigar o cãozinho a qualquer coisa. Muitas vezes o cão faz algo de errado, como subir no sofá, e o dono fica de longe pedindo para ele descer, e por fim nem o cão desce e nem é tirado de lá. Não precisamos usar força ou brutalidade; apenas precisamos ter atitude: basta tirar o cãozinho rápido do sofá, sem precisar dar bronca ou bater. As mulheres costumam ser mais generosas e os cães acabam manipulando-as com suas "carinhas" de tristeza. É claro que isso não acontece em todos os casos, pois existem mulheres que são excelentes líderes e que educam melhor os cães do que os homens.

Crédito: João Alberto S. Barro

Ensinando seu cão (Jaya dando a pata direita para seu adestrador Manuel)

É importante encontrar o método de adestramento que mais se adapta ao seu modo de ser. Pessoas que têm dificuldade em dar broncas devem basear o adestramento em recompensas. No entanto, é fundamental aprender a controlar o cão em algumas situações. É totalmente possível manter a liderança sobre os cães utilizando apenas recompensas no adestramento, mas é importante que o cão só ganhe o que quer quando obedecer ao dono. Uma pessoa que é muito autoritária com seu cão pode ensiná-lo obrigando-o a obedecer, mas isso deve ser feito com muito cuidado, pois essas pessoas tendem a utilizar muita agressividade quando o cão é um pouco teimoso. É preciso ser firme sem ser agressivo e fazer com que o cão as respeite, mas não tenha medo. Essas pessoas devem aprender também a estimular e premiar o bom comportamento em vez de apenas punir o incorreto. Não se deve esquecer de que uma boa relação com o cão depende totalmente disso.

Em que consiste o ensino

Aqui falaremos do adestramento em si, isto é, de como ensinar comandos. A educação acontece o tempo inteiro, mesmo durante o adestramento, ou seja, educação e adestramento são coisas diferentes.

Um cão pode ser muito bem adestrado e mesmo assim muito mal-educado. Ele pode obedecer muito bem aos comandos em situações específicas, mesmo pular sem parar nas pessoas, latir etc. É comum ver cães que são campeões de *agility*, por exemplo, mas que são muito difíceis de conviver no dia a dia. De maneira inversa, existem cães muito educados mas que nunca tiveram qualquer tipo de adestramento. Esse fato pode ocorrer pois alguns cães são naturalmente "bonzinhos" ou seus donos são educadores natos.

O adestramento influencia positivamente na educação e é um passo importante para se corrigir problemas de comportamento que o cão venha a adquirir. Muitas vezes, conseguimos modificar um comportamento desagradável por outro que o cão aprende no adestramento, como, por exemplo, sentar para chamar a atenção em vez de pular. O adestramento também possui vários efeitos secundários, como propiciar atividade física e mental aos cães, essencial para preencher a necessidade de atividade e promover uma melhor relação cão-dono, o que acontece por uma série de razões. Por meio do adestramento, o dono passa a compreender o seu papel no comportamento do animal, deixando de culpá-lo sem razão, e o processo de aprendizagem faz que ambos apreciem mais a convivência um com o outro.

Em que idade começar

Um cãozinho pode começar a aprender comandos ainda filhotinho, com dois meses de idade, desde que o treinamento seja baseado em recompensas. Também é importante não ensinar coisas que forcem demais as articulações, como saltos, por exemplo. Um filhote pode aprender a vir quando chamado, sentar, deitar, dar a patinha, trazer o brinquedo e muito mais. É bastante interessante ensinar nesta idade, pois a capacidade de reter o que lhe é ensinado nesta fase é muito maior, o condicionamento ocorre mais rápido e esse conhecimento se mantém consolidado por muito mais tempo.

Para adestrar por meio do chamado Adestramento Tradicional é necessário que o cão já seja mais maduro. O ideal é começar depois de seis meses de idade pelo menos; porém, dependendo do caso, pode-se esperar até 8-10 meses para iniciar o treinamento. De maneira geral, as raças pequenas amadurecem mais cedo e as gigantes costumam demorar mais um pouco.

O que deve ser lembrado é que não há idade mínima para começar ou continuar aprendendo. Existe um mito de que cães mais velhos não aprendem mais nada, mas na realidade eles irão, na maior parte das vezes, apenas aprender com mais lentidão, o que não significa que não seja importante ensinar. Basta comparar com os seres humanos para se fundamentar esta explanação: hoje sabe-se que o esporte e a aprendizagem na terceira idade melhora a qualidade de vida, e o mesmo ocorre com os cães. O fato de ser um pouco mais lento para aprender não significa que não devemos ensiná-lo.

Contratar ou não um adestrador

A melhor maneira de o cão aprender é através das mãos do próprio dono. As aulas em grupo são a forma mais divertida e útil de ensinar, pois nelas se pratica a socialização e o controle junto a outras pessoas e cães. Outra boa opção são os adestradores que vão até sua casa e ensinam você, seus familiares e funcionários a educar e adestrar seu cão.

Se você é ocupado demais, mandar o cão para ser adestrado pode ser melhor do que nada, mas o resultado será inferior. Você terá que participar pelo menos uma vez ao mês das aulas para aprender a pedir os comandos da maneira correta e manter a obediência. É muito comum ver cães que obedecem muito bem ao adestrador mas ignoram completamente os donos.

Ao escolher o adestrador, certifique-se de que ele deixará que você assista as aulas, pois o adestrador que procura "esconder" seu trabalho pode estar tanto maltratando os animais quanto "enrolando" em vez de adestrar.

O que ensinar

Os comandos *vem*, *senta*, *deita*, *fica* e *junto* são os chamados comandos básicos. Eles são os comandos mais usados no dia a dia e, por isso, são os primeiros a ser ensinados aos cães.

Neste livro você irá aprender diferentes métodos para ensinar os comandos básicos, e poderá ensinar por meio de recompensas ou obrigando seu cão a obedecer (método tradicional).

Ensinar comandos avançados e truques também é muito útil, mesmo que apenas para divertir, dar atividade e estreitar a relação entre pessoas e cães. Assim como acontece conosco, a aprendizagem mantém um bom equilíbrio mental e o físico em boa forma. Basicamente, o cão que é estimulado irá apresentar menos problemas de comportamento e terá maior facilidade de convívio com as pessoas.

Nesta parte você irá aprender a dar comandos avançados e ensinar truques apenas com o uso de recompensas, pois de outra forma não iremos desfrutar ao máximo as vantagem descritas anteriormente.

Que método utilizar

Existem dois diferentes métodos para ensinar os comandos básicos: o método tradicional e por meio de recompensas. É importante que você decida qual método se adapta melhor à sua personalidade, ao seu estilo de vida e às características do seu cão.

O Método Tradicional

Neste método iremos mostrar ao cão o que fazer, obrigando-o gentilmente por meio da utilização da coleira ou do enforcador e de toques em alguns pontos de seu corpo: o cão deve perceber que não há outra opção senão obedecer.

Este método baseia-se em causar um pequeno desconforto no animal, cessando logo que ele tenha feito o que desejamos.

Por exemplo, se queremos que um cão aprenda a saltar um obstáculo, por este método o levaremos com a guia até o obstáculo e daremos um puxão rápido toda vez que ele tentar se desviar, forçando-o a pular e aliviando toda a tensão na guia no momento em que ele realiza o salto. Logo que o cão perceber que não há outra alternativa senão saltar, não será mais necessário qualquer pressão na guia para que ele salte.

Utilizando este método, não é necessário oferecer nenhuma outra recompensa além de carinho, porém os petiscos e brinquedos podem ser também oferecidos.

Existem adestradores que se utilizam do medo e da dor para conseguir resultados mais rápidos por este método, mas, além de ser uma prática obviamente cruel, irá gerar problemas emocionais graves para o cão. Dê atenção a sinais como obedecer sempre com as orelhas para trás e para baixo, medo do adestrador, tentar fugir da guia e do enforcador e se defender quando arrumamos o enforcador no pescoço do animal.

Vantagens:
- não depende do uso de recompensas como petiscos e brinquedos;
- facilita o controle na guia;
- não é tão afetado por interferências externas, como, por exemplo, outros cães ao redor e ambientes diferentes do que está acostumado;
- não permite que o cão erre.

Desvantagens:
- depende do uso de força; crianças, idosos e pessoas com alguma deficiência terão dificuldades em utilizar este método;
- inicialmente o cão só obedece quando está na guia;
- não deixa o cão motivado a aprender sempre mais.

Método Motivacional – Adestramento com uso de recompensas

Por este método utiliza-se apenas a indução por meio das recompensas para ensinar comandos aos cães, não sendo necessário o uso de coleira, enforcador ou guia. Fazemos o cão seguir a recompensa até estar na posição desejada ou realizar a manobra que queremos, e então o recompensamos imediatamente.

Por exemplo, uma das formas de ensinar um cão a saltar um obstáculo é fazer com que ele siga um petisco ou brinquedo que está em nossa mão até pular o obstáculo, recompensando-o imediatamente. A única punição é não ganhar a recompensa.

Vantagens:
- não depende do uso de força, e qualquer pessoa pode ensinar;
- pode ser feito com o cão solto;
- pode ser feito a distância, sem tocar no animal;
- motiva o cão a aprender sempre mais;
- é mais divertido para quem ensina e para o cão.

Desvantagens:
- depende do interesse do cão por algum tipo de recompensa;
- inicialmente é preciso carregar petiscos e brinquedos nos passeios e durante o treinamento;
- leva-se algum tempo para que o cão obedeça em meio a distrações.

Acostume o cão à coleira

Se você possui um filhote que nunca usou uma coleira antes, facilite um pouco seu aprendizado acostumando-o a usar coleira e guia antes de sair de casa.

Alguns cães estranham muito a presença de qualquer amarra presa ao pescoço, podendo ficar estáticos ou tentar tirá-la do pescoço o tempo todo. Se, além disso, ele ainda é levado a um lugar totalmente desconhecido, com barulhos estranhos, pessoas e outros animais, é provável que se sinta bastante desconfortável.

Alguns dias antes de poder sair na rua com seu filhote, coloque uma coleirinha bem leve no pescoço dele e procure distraí-lo brincando e dando petiscos. Alguns cães estranham mais que outros, e, caso o cãozinho fique muito incomodado, é melhor colocar e tirar várias vezes a coleira, divertindo--o sempre que estiver usando a coleira. Depois que ele estiver acostumado, prenda a guia, mas deixe-o andar livremente pela casa. Fique de olho para ver se ele não se prende em algum lugar. Depois que ele estiver confortável e acostumado com a coleira, você pode tentar dirigi-lo pela casa usando a guia, sempre tomando o cuidado de não arrastar o filhote, deixando que ele siga por conta própria. Pode-se, inclusive, usar brinquedos e petiscos para estimulá-lo a ficar por perto, e, se ele tentar sair, fique parado até que consiga perceber que é você quem impõe a direção a ser seguida.

Que equipamento usar

É muito importante utilizar o equipamento correto (coleiras, enforcadores etc.) para seu cão; do contrário, todo o treinamento pode ficar comprometido. Além disso, a segurança deve estar sempre em primeiro lugar, pois muitos cães acabam fugindo ou são atropelados devido à utilização de equipamentos impróprios ou empregados incorretamente.

Tipos de equipamento

Coleira: É uma tira rígida que prendemos em volta do pescoço do animal. É muito importante que o fecho seja forte e seguro, assim como o lugar onde a guia será presa. Em geral, utiliza-se uma argola, que deve ser soldada, pois muitas acabam abrindo, deixando a guia escapar. A coleira deve ficar justa, mas sem apertar o pescoço do cão. Outro perigo do uso da coleira é quando o cão puxa para trás, podendo escapar e sofrer algum acidente ou se perder. Assim, antes de sair de casa, certifique-se de que a coleira não sai do pescoço do seu cachorro quando você a puxa para fora.

Figura 1 – Coleira

Enforcador: O enforcador é um equipamento que, quando puxado, aperta o pescoço do cão. Existem muitas variações de tipo e material, como metal, tecido, com trava, mais largo ou mais estreito. Quando for comprar um enforcador, procure aquele que entre justo na cabeça do cão, pois, se a guia estiver frouxa, o enforcador alarga e pode cair quando o animal abaixa a cabeça. Os enforcadores de tecido são mais leves e bastante resistentes. O único perigo que pode apresentar é quando está largo e o cão consegue roer a ponta. Se estiver procurando um de metal, certifique-se de que as argolas deslizam sem dificuldade, para que ele não perca sua função. O enforcador só deve ser usado quando você realmente for ensinar seu cão a não puxar, pois os cães costumam se enforcar facilmente. Existe um lado correto para utilizar o enforcador; portanto, você terá de ensinar seu cão a andar sempre do mesmo lado e se certificar de que o enforcador está colocado corretamente. Se o cão anda do lado esquerdo, coloque o enforcador de frente para você, com o elo solto caído para o lado esquerdo, formando a letra "P".

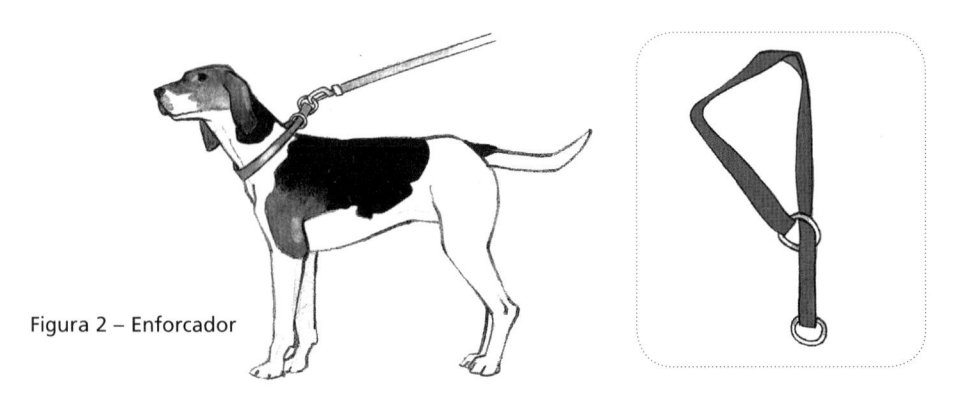

Figura 2 – Enforcador

Coleira tipo cabresto: É um tipo moderno que funciona exatamente como um cabresto de cavalo. Ela controla a cabeça do animal: quando o cão tenta puxar para frente, a cabeça é pressionada para trás, impedindo-o de puxar. Assim como um cavalo ou um boi é controlado sem nenhum desconforto, o cão é facilmente controlado com o uso do cabresto. É um excelente equipamento para ser utilizado em cães acostumados a puxar e cães agressivos. O único inconveniente é que os cães demoram um pouco mais para se acostumar a usar esse tipo de coleira, pois uma pequena faixa passa por cima do seu focinho, e eles percebem melhor a sua presença do que das coleiras comuns. Algumas pessoas veem esse equipamento na rua e acham que é uma focinheira, o que gera muito preconceito. As pessoas muitas vezes deixam de usá-la por causa da aparência, mas os benefícios valem esse sacrifício, especialmente para o cão. O cabresto não fecha a boca do animal: ele apenas a vira quando o cão tenta puxar, sem que corra nenhum risco de se machucar.

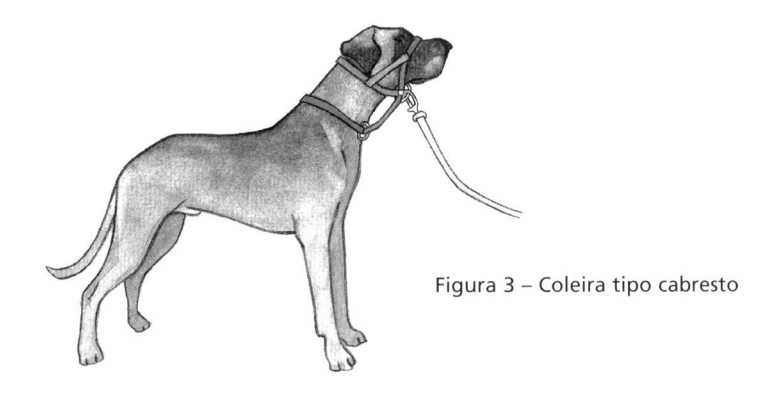

Figura 3 – Coleira tipo cabresto

Peitoral: É um equipamennto que segura o cão pelo peito, dando total apoio para ele puxar confortavelmente. É o melhor equipamento a ser utilizado quando não temos de nos importar se o cão está puxando e quando realmente queremos estimulá-lo a puxar (*skates* e patins, por exemplo).

Figura 4 – Peitoral

Guias: Existe uma variedade muito grande de guias. Para ensinar seu cão a não puxar procure uma que seja rígida e não elástica e que não tenha uma mola de metal em uma das pontas. Essa mola muitas vezes engancha na pessoa ou no cão e pode causar ferimentos graves. O ideal é que você possa segurar em qualquer ponto com firmeza: guias muito finas inicialmente não são boas para usar em cães fortes. O comprimento deve ser suficiente para quase tocar o chão quando o cão está parado com a guia solta ao seu lado. O cão deve ter uma boa mobilidade sem que a guia estique: lembre-se de que ele irá aprender a ficar do seu lado por conta própria e não porque a guia o impede. As guias retráteis ensinam o cão a puxar, dão pouco controle e enroscam em objetos, pessoas e em outros cães, e só devem ser usadas em cães muito obedientes, devendo ser travadas quando o ambiente estiver muito movimentado.

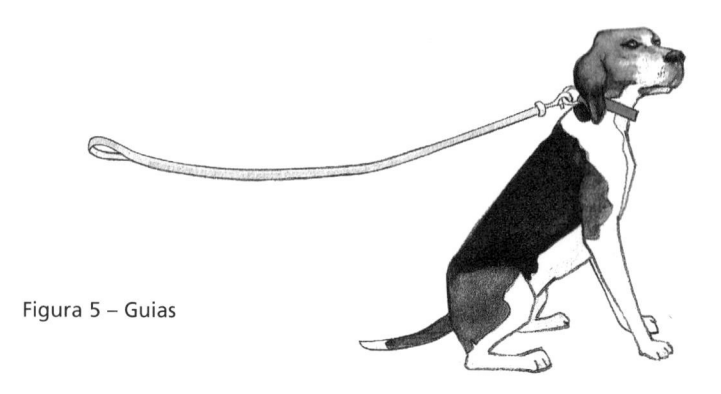

Figura 5 – Guias

Ensine seu cão a não puxar a guia

Se você possui um cão de grande porte, essa é uma das partes mais importantes do adestramento. Aqui cabe uma dedicação especial, pois quanto mais simples e agradável for o passeio, mais calmo e feliz será o cão. Algumas pessoas chegam a deixar de sair com seus cães pois estes não sabem se comportar usando guia, e o passeio acaba ficando insuportável. No entanto, esse problema pode virar um ciclo vicioso, pois quanto menos o cão passeia, mais ansioso ele fica e mais ele irá puxar a guia.

Quem tem cães pequenos, pode ou não se importar com isso e, como é um treinamento que exige bastante dedicação, você pode optar por deixar ou não seu cão puxar a guia. Fisicamente isso não trará nenhum problema a ele, desde que esteja usando um peitoral em vez de uma coleira ou um enforcador. As consequências de deixar o cão puxar a guia é que ele pode ficar mais agitado no passeio, latindo e mais agressivo, caso já tenha alguma tendência, e confirmar sua dominância, caso já se considere o "chefinho" da casa.

O mais importante é que você não ensine seu cão a puxar a guia, para depois tentar ensiná-lo a andar corretamente. É claro que ninguém fica literalmente ensinando o cão a puxar, mas acabamos fazendo isso sem perceber desde os primeiros passeios. Cada vez que o cão estica a guia para ir a algum lugar, até uma árvore, pessoa ou cão e cedemos, deixando que ele chegue perto, estamos ensinando-o a puxar. O cão puxa a guia e é recompensado, conseguindo exatamente o que deseja. Esse é o ponto crucial do adestramento, pois muitas pessoas se esforçam para ensinar seu cão a andar junto a elas, ao seu lado, mas põem a perder esse trabalho deixando-o puxar uma vez ou outra.

Existem muitas formas de ensinar seu cão a não puxar a guia. As duas formas descritas a seguir dão bastante liberdade, já que o passeio é para o cão e seu dono se divertirem, e não sendo necessário andar com o cão colado na nossa perna o tempo todo. No entanto, se você prefere a última alternativa, use a técnica do comando descrita mais à frente.

Não Puxar – Exercício 1

Neste exercício o cão será ensinado a prestar atenção aos nossos movimentos e acompanhá-los.

Comece parado, com seu cão na guia. Cada vez que ele se afastar e estiver chegando no fim da guia, dê um tranco rápido fazendo com que o cão volte sem ter que ser arrastado: para isso é importante que a guia não estique. Assim que ele perceber que não conseguirá arrastá-lo, e permanecer perto de você, recompense-o com carinhos e petiscos.

Em seguida, dê alguns passos à frente, e sempre que seu cão se adiantar faça meia volta, deixando a guia bem solta para que ele leve um tranco naturalmente por estar andando na direção contrária. Dessa forma, ele voltará para perto de você. Esse procedimento deve ser repetido até que o cão comece a prestar atenção aos seus movimentos e virar junto com você. Recompense-o todas as vezes em que virar junto, com petiscos e festa.

Este é um bom exercício, pois não estamos "dando broncas" no cão, e, com o tempo, ele perceberá que a culpa pelo fracasso é a sua própria desatenção, e isso é ótimo para a relação de vocês. A mensagem aqui é "perto é legal, longe é ruim".

Dicas importantes:

- nunca avise seu cão que irá virar, pois ele deve prestar atenção aos seus movimentos;
- não é preciso dar nenhum comando ao cão; afinal, ele deve andar sem puxar, não existindo outra opção;

- não é necessário falar "não" ou algo semelhante quando ele não virar com você. Fale somente para recompensar sua boa atitude;
- vire sempre bem antes de a guia esticar; quando ela já estiver esticada, você acabará arrastando o cão, o que é completamente improdutivo;
- para testar se seu cão está atento pare bruscamente e veja se ele para com você; se ele não parar, dê alguns passos para trás até que esteja de volta ao seu lado;
- use uma guia com bom comprimento, 1,5 metro, por exemplo;
- nunca use guias elásticas;
- ande rápido e de maneira decidida, sem deixar transparecer que está prestando atenção no cão;
- logo que seu cão compreender, comece a alterar o ritmo das passadas;
- ensine primeiramente num local calmo, para depois sair para a rua;
- teste seu cão no início de cada passeio;
- se a guia esticar, não deixe que ele o arraste. Você cometeu um erro deixando que a guia esticasse; assim, pare e corrija a situação, recomeçando o exercício;
- lembre-se sempre de que se seu cão conseguir chegar a algum lugar puxando a guia, todo o treinamento terá sido perdido, pois ele percebe que consegue o que quer, puxando-o.

Não Puxar - Exercício 2

Neste exercício seu cão irá aprender a não tentar ultrapassá-lo nos passeios. É um exercício simples e eficiente.

Procure um local calmo, onde possa andar próximo à parede: um estacionamento pode ser perfeito.

Seu cão deverá andar entre você e a parede: cada vez que ele tentar ultrapassá-lo, tentando ficar com a cabeça à frente de seu joelho, feche o caminho com a perna que estiver mais próxima, obrigando-o a dar um passo para trás. Nesta hora, ele pode tentar mudar de lado, e deve ser impedido com a guia. Quando encontrarem um obstáculo qualquer, um vaso, por exemplo, feche a passagem do cão, obrigando-o a deixar você passar primeiro. Quando ele estiver andando corretamente todo o tempo, comece a desencostar gradativamente da parede e volte sempre que ele insistir no erro.

Esse exercício pode complementar o exercício anterior. Você pode fazer um e depois o outro com facilidade.

O comando "junto!"

No comando "junto!" seu cão irá aprender a andar na posição correta, com a cabeça próxima ao seu joelho esquerdo.

Por tradição, o cão deve ficar do lado esquerdo, mas pode-se treinar de ambos os lados, dando nomes diferentes para cada um. Isso pode ser importante em esportes como *agility* ou *freestyle*.

Aqui daremos duas opções deste comando para você ensinar seu cão. Neste caso, o ideal é que você escolha uma conforme a sua necessidade. Se você pretende participar de esportes como *agility*, *frisbee* ou *freestyle,* procure fazer todo o adestramento, baseando-se apenas em recompensas.

"JUNTO!" – Opção 1 – Método Motivacional (com uso de recompensas apenas)

Neste método, você irá ensinar o comando "junto!" apenas com o uso de recompensas. Petiscos ou brinquedos poderão ser utilizados, mas recomenda-se inicialmente apenas o uso de petiscos, pois o cão costuma se concentrar melhor; quando ele entender o exercício, você pode presenteá-lo com o brinquedo.

Ensine num ambiente em que o cão já esteja familiarizado: a sua casa é o melhor local. Neste caso, não é necessário o uso de guia e você pode mantê-lo solto.

Guarde uma boa quantidade de petiscos no bolso, numa petisqueira ou em uma pochete para facilitar o trabalho.

Pegue um petisco na mão e induza o cão a ir para o seu lado esquerdo, fazendo-o seguir o petisco. Mantenha o petisco fechado na mão, de modo que o cão não consiga pegá-lo. No início, mantenha a mão bem próxima ao seu focinho e dê alguns passos, mantendo o cão próximo de sua perna esquerda. Se ele o acompanhar, mantendo-se em paralelo a você, recompense-o, fazendo festa e deixando-o pegar o petisco.

Dica: Escolha uma palavra ou uma pequena frase que indique ao seu cão que ele acertou. Pode ser "muito bem" ou "isso", por exemplo. Você irá falar sempre a mesma coisa antes de recompensá-lo com o petisco ou com o brinquedo. Assim, o cão terá mais facilidade em reconhecer o que estamos recompensando, além de cada vez dar mais valor aos nossos agrados.

Depois de algumas repetições, comece a associar a palavra "junto" e o sinal de bater com a mão na coxa. Fale e faça o sinal sempre que começar a andar e depois de recompensar o cão.

Comece a andar em círculos grandes para ambos os lados e vá diminuindo, caso o cão esteja andando corretamente. Depois, ande em linha reta e faça curvas fechadas para os dois lados: inicialmente recompense o cão depois de cada curva benfeita.

Aumente gradualmente o número de passos antes de recompensá-lo. Importante: só aumente se o cão estiver se mantendo sempre junto. Também aumente gradualmente a distância da mão com o petisco. Para isso, mantenha a mão ao lado do corpo de modo que o cão fique na posição correta, mas levante cada vez mais a mão. Nesta hora, o cão poderá tentar pular para alcançar o petisco; assim, tire a mão rapidamente e diga "não" cada vez que ele fizer isso. Dessa forma, você estará mostrando que pular só irá afastá-lo ainda mais do petisco.

Quando perceber que ele está bem familiarizado com o exercício, comece a fazê-lo sem ter petiscos na mão. Você irá aprender a ficar independente das recompensas mais à frente neste livro.

Você também pode ensiná-lo a andar junto do seu lado direito. Se preferir, escolha uma palavra diferente para não confundir o cão, ou dê maior ênfase ao sinal, batendo com a mão na sua coxa direita.

"JUNTO!" - Opção 2 - Método Tradicional

Utilize um enforcador e coloque-o bem alto na cabeça do cão, logo atrás das orelhas e embaixo do queixo.

Inicialmente, ensine seu cão a ir para a posição "junto", ou seja, paralelo a você e do seu lado esquerdo. Para isso, comece com o cão à sua frente, fale a palavra "junto", em tom autoritário, e faça com que ele dê a volta pelo lado direito, parando-o quando estiver no local correto, do lado esquerdo e paralelo a você. Mantenha a guia curta, mas sem enforcar. Cada vez que ele tentar sair desta posição pare e faça com que retorne imediatamente com um leve tranco. Se for necessário, faça com que ele dê a volta novamente até que fique parado ao seu lado. Só depois de o cão entender essa parte, comece a se movimentar. Diga a palavra "junto" sempre antes de começar a andar. Dê um tranco rápido na guia se o cão tentar se adiantar, criando um limite fixo: por exemplo, dê o tranco cada vez que o ombro do cão estiver do lado da sua perna em vez da sua cabeça. A princípio dê poucos passos e pare. Se o cão já sabe sentar, você pode pedir que ele sente a cada parada. Aumente gradativamente o número de passos antes de parar.

Fale com carinho com o cão e agrade-o quando estiver andando corretamente: é importante motivá-lo a acertar.

Quando ele estiver andando corretamente, em linha reta, faça círculos para ambos os lados, começando com um círculo grande e fechando-o aos poucos, como uma espiral.

Quando ele já estiver familiarizado com o exercício, ande mudando o ritmo dos passos, fazendo curvas para ambos os lados, às vezes mais abertas e outras mais fechadas.

Muito Importante: Quando o cão está na posição correta, não deve sentir nenhuma pressão no pescoço. Ele deve andar ao seu lado por vontade própria. Se o cão está sendo puxado o tempo todo, não está aprendendo nada de útil, e sim apenas se acostumando a ser enforcado. Outro motivo para não puxá-lo é que se, por algum motivo, a guia sai das nossas mãos ou o equipamento se rompe, o cão que está puxando irá correr para longe, e, se não estiver sendo puxado, sequer irá perceber o fato e continuará no lugar.

Você pode aos poucos utilizar uma guia cada vez mais leve, até conseguir realizar o exercício com o cão solto, mas só o faça em locais seguros. Muitos cães "obedientes" fogem, são atropelados ou se envolvem em brigas com outros cães, e o risco não vale essa comodidade.

O comando "vem!" ou "aqui!"

Este comando é muitíssimo importante, pois pode salvar a vida do seu cão em muitas situações.

O correto é começar a ensinar o "vem!" quando o cão é ainda filhotinho, para que fique bem condicionado.

Escolha a palavra que preferir: "vem" ou "aqui". Se você costuma usar demais a palavra "vem", pode ser melhor treinar usando o termo "aqui" e dar a ele um significado mais forte do que o "vem".

1º exercício

Esse exercício deve ser feito em casa ou em um local fechado onde o cão já esteja completamente familiarizado para evitar que se distraia.

Pegue um petisco ou brinquedo, ou algo pelo que seu cãozinho realmente se interesse. Aproxime-se de seu cão quando ele estiver distraído e diga seu nome, seguido do comando. Por exemplo: "Toby, aqui!" Mostre-lhe a recompensa, levando-a próxima ao seu focinho e comece a se afastar logo que ele se interessar. Agrade-o e recompense-o por tê-lo seguido. Repita de três a cinco vezes por dia, chamando-o cada vez mais de longe, se ele estiver obedecendo. Faça esse treinamento durante uma ou duas semanas e verá o cão correndo feliz imediatamente quando ouvir o chamado.

Para tornar o comando ainda mais divertido para o cão, você pode fingir que está fugindo quando ele começar a ir em sua direção. Este é um ótimo exercício para crianças fazerem: elas se divertem e ensinam.

2º exercício

Também em casa, peça para que uma pessoa segure o cão: ele pode estar solto ou usando uma coleira. Chame seu cão de longe, da mesma maneira que no exercício anterior: "Toby, aqui!" A pessoa que o está segurando deve soltá-lo quando ele começar a se debater para ir em sua direção. Se o cão estiver aprendendo bem, chame-o de outro cômodo da casa, fazendo com que ele procure por você.

Este exercício irá gerar uma ansiedade no cão de correr até você cada vez que ouvir o comando. É importante que isso fique bem condicionado para que ele aja por impulso quando estiver solto em locais com pessoas ou distrações e você o chamar.

Faça algumas repetições por dia durante duas ou três semanas, como no exercício anterior.

3º exercício

Os exercícios anteriores podem ser feitos com um filhotinho de dois ou três meses de idade. Este já deve ser feito apenas com cães que já estão bem familiarizados com o uso da guia: cinco meses pode ser uma idade perfeita.

Faça este exercício em locais abertos com algumas distrações, mas que seja razoavelmente tranquilo e vá aos poucos mudando para locais com mais e mais distrações.

Deixe seu cão à vontade, com a guia bem solta. Chame seu cão com a voz firme: "Toby, aqui!" Se ele não vier imediatamente, dê um puxão na guia e ande para trás, no sentido contrário ao que seu cão estava. No momento que ele se virar para você e começar a andar na sua direção faça muita festa e recompense-o com um petisco quando ele chegar.

Em até cinco repetições ele deve começar a vir imediatamente após o chamado, sem a necessidade do puxão. Para isso ocorrer, preste atenção aos seguintes detalhes:

• Fale o comando apenas uma vez. Se queremos que o cão obedeça imediatamente é isso que devemos exigir ou estaremos dando a opção a ele de obedecer quando bem entender.

• Dê um tempo ao cão para ele ter a chance de vir sem levar o puxão. Um erro comum é chamá-lo já puxando. Isso não é justo com o animal, pois não estamos dando a ele a chance de evitar o incômodo. Um ou dois segundos de espera são suficientes.

• Não arraste o cão na sua direção. Quando fazemos isso, o cão joga todo o peso do corpo no sentido contrário e nunca virá por vontade própria. Ele irá, inclusive, aprender a resistir cada vez mais. O puxão deve ser muito rápido, a força é menos importante e irá variar conforme a sensibilidade do cão. A intenção deve ser sempre a de dar um pequeno susto.

• Se o cão não vier no primeiro puxão, continue com uma sequência de toques na guia até que ele comece a se aproximar. Nunca o arraste. A ideia é nunca machucar o cão e sim não lhe dar a opção de não vir.

Aumente gradativamente o grau de dificuldade aumentando as distrações, até conseguir que o cão venha imediatamente, mesmo quando estiver cheirando outro cão ou no meio de uma brincadeira.

Simule soltá-lo num parque, utilizando uma guia longa e bem leve, e faça o mesmo exercício. Só solte o cão realmente em locais seguros e quando ele estiver obedecendo muito bem.

Considerações finais sobre o comando "vem!" ou "aqui!"

Um ponto importante deste comando é que as pessoas muitas vezes usam muito o "vem!" ou "aqui!" para fazer coisas desagradáveis aos animais. Por exemplo, deixam o cão brincar no parque e o chamam para prendê-lo apenas para ir embora. É importante nesta situação que o cão aprenda a obedecê-lo para ganhar prêmios, brincar ou simplesmente receber um afago. Devemos estar conscientes de que muitos dos brinquedos e petiscos que o cão adora quando está em casa não terão a mesma importância quando ele estiver solto, brincando, e por isso esse exercício é muito importante. Também com o tempo de treinamento o cão irá cada vez mais valorizar os prêmios, mesmo em ambientes diferentes.

Os cães, em geral, sabem prever quando você o está chamando para algo que ele não quer; portanto, sempre que precisar dele nestes momentos (de ir embora para casa, por exemplo) não o chame: vá até ele e faça com que o siga sem deixar que crie resistência. Alguns cães odeiam tomar banho, e a hora do banho é muito óbvia para eles. Se você o chamar e ele vier para ganhar um petisco, ótimo. O importante é que você não o engane: ele deve estar consciente de que irá para o banho. Se ele não quiser ir, vá você até ele e leve-o sem deixar que resista. Ele provavelmente irá cada vez mais conformado, pois afinal sabe que não é o fim do mundo.

Outro exemplo comum é o cão não querer "ir para cama" ou para fora de casa quando é hora de dormir. Ele aprende a fugir, se esconder, fazer corpo mole ou mesmo rosnar e tentar morder. Isso pode ser prevenido se desde filhote ele ganhar uma recompensa por sair ou ir para a cama ou para a casinha. Deve-se sempre deixar claro que ele ficará sozinho. Algumas pessoas tentam enganar o cão jogando um brinquedo ou biscoito para fora e fechando a porta em seguida. Provavelmente, o cão passará a ignorar o biscoito ou brinquedo e não sairá de qualquer jeito. Se ele realmente não quer sair por prêmio nenhum, devemos colocá-lo para fora de uma vez. Os cães aprendem a resistir aos poucos: quanto menos firme agirmos neste momento, mais eles irão "folgar". O ideal é mandá-

-lo para fora e imediatamente pegá-lo pela coleira e obrigá-lo a sair. Não devemos fazer carinho se ele está resistindo, e toda a operação dever ser fria e rápida. O carinho deve ser feito apenas quando ele já estiver do lado de fora. Nesse momento, você pode inclusive dar um petisco a ele, de fora sendo provável que ele aceite e o processo se torne cada vez mais fácil. No caso de cães muito resistentes, pode ser útil colocar a guia por volta de 15 minutos antes de colocá-lo para fora. É importante que o cão não perceba a relação entre colocar a guia e sair.

O que fazer quando o cão escapa

Qual é o cão que nunca escapou sem querer quando deixaram o portão aberto ou quando se viu de repente solto, tendo a guia arrebentado ou a coleira escapado de seu pescoço? O número de cães que se perdem ou são atropelados por problemas desse tipo é assustador.

Ensinar o cão a andar sem puxar e a vir quando for chamado são formas importantes de prevenir esse problema. Se o cão está puxando e a guia escorrega de nossa mão, ele irá imediatamente correr para longe, pois já estava fazendo força nesta direção. Já se a guia estivesse solta, o cão nem perceberia. Nessas situações, também quando ensinamos o cão a vir, quando ele se sente solto, com uma guia longa, por exemplo, será muito mais fácil recuperá-lo.

Porém, o essencial, mesmo que o cão já esteja treinado, é ter a reação certa nesse momento de desespero. A reação normal das pessoas é sair correndo nervosas e desesperadas atrás do cachorro. Coloque-se por um momento no lugar do cão: você iria na direção de alguém que está nervoso, desesperado e parece que irá puni-lo? Se você conseguir pegá-lo e lhe der uma bronca, da próxima vez, com certeza, ele não irá voltar nunca mais.

Então, o que devemos fazer?

Apesar do susto, mantenha a calma e chame o seu cão fazendo-lhe muita festa. Por incrível que possa parecer, é melhor andar para trás do que na direção dele. Ele provavelmente irá tomar a mesma direção que você. Abaixar-se também é uma boa opção, chamando-o calmamente e fazendo festa quando ele olhar para você ou começar a andar em sua direção. Quando ele chegar até você, manifeste muito carinho; se puder dê-lhe um petisco quando chegar em casa. Algumas vezes, quando o risco de o cão sair pelo portão é grande, é melhor treinar a palavra "vem!" do lado de fora de casa, com uma guia longa e com recompensas que ele adore receber. Dessa forma, você pelo menos previne uma fuga mais grave, atropelamento ou mesmo a morte.

Se seu cão se soltou e realmente disparou para longe é claro que você deve ir atrás o mais rápido possível. Procure não gritar, pois ele também poderá se desesperar e o risco de acidentes torna-se maior. Quando se aproximar dele, chame-o normalmente e nunca se esqueça: não lhe dê uma bronca quando o capturar ou o problema se agravará no futuro.

Algumas pessoas não sabem qual será a reação do seu próprio cão quando ele estiver solto, e isso é muito ruim. É importante que o cão também saiba se comportar quando está solto. Assim, se você nunca o soltou em lugar algum, procure um parque cercado (já existem alguns lugares próprios para soltar os cães nas grandes cidades) ou, se tiver oportunidade, leve seu cão para passear no campo (hoje existem hotéis e pousadas que aceitam cães) e você irá se surpreender com o comportamento dele ao ar livre, pois os cães sempre procuram ter seus donos dentro do seu campo de visão.

Buscar e devolver o brinquedo

Aqui está uma parte muito divertida do treinamento. Você pode começar a ensinar seu cão a buscar e trazer um brinquedo logo cedo, quando ele estiver com dois ou três meses.

Além de divertido, esse exercício faz com que seu cão aumente seu interesse pelos seus próprios brinquedos e deixe de lado outros objetos, como, por exemplo, seu sapato e almofadas. Todo cão precisa de uma determinada carga diária de atividade, e é muito importante que ele saiba gastar seu excesso de energia com seus próprios brinquedos.

O cão só irá procurar o brinquedo quando este tiver um significado grande de interação entre você e ele. Também é inútil ter uma quantidade enorme de brinquedos: dois ou três são mais que suficientes. É comum ver pessoas comprando mil brinquedos para tentar encontrar aquele de que o cão vai gostar; no entanto, ele pega o brinquedo na hora que ganha e logo se desinteressa.

O cão pode aprender a gostar de qualquer brinquedo: basta você criar um significado especial para ele. Se você mostrar preferência por um, seu cão passará a gostar mais dele. Para isso, escolha um brinquedo resistente: os que apitam são excelentes, mas facilmente destrutíveis. Procure um de pano ou madeira, brinque com ele e depois guarde-o.

Incentive seu cão a gostar dos brinquedos

Todo filhote gosta de brincar, pois faz parte do desenvolvimento de suas habilidades de caça. Alguns cães, depois de adultos, perdem o interesse pelas brincadeiras, mas isso pode e deve ser evitado, pois brincar mantém o animal mais feliz e saudável.

Para ter um cão louco por brinquedos, tudo o que você precisa fazer é dar atenção a ele cada vez que estiver com um brinquedo na boca. Isso deve ser feito desde filhotinho: sempre que o cão optar por pegar o próprio brinquedo em vez do tapete, meia ou chinelo, devemos no mínimo falar com ele, fazendo um agrado. O ideal nesta fase é parar o que se está fazendo e ir brincar um pouco com o cãozinho.

Muitas pessoas aproveitam quando o cão está tranquilo com seu próprio brinquedo para fazer suas tarefas em paz, e justamente neste momento não lhe dão atenção. Logo o cãozinho irá perceber que isso não acontece quando ele pega o chinelo, pois dessa forma ele consegue atenção, mesmo que em forma de bronca. Por qual objeto você acha que ele irá optar?

Se seu cão não é louco por brinquedos, você pode primeiro desenvolver o interesse dele, para depois ensiná-lo a trazer e soltar para você.

Veja aqui algumas maneiras de deixar seu cão fanático por brinquedos:

• Dispute o brinquedo com ele.

Jogue o brinquedo e tente pegar antes dele. Se seu cão não é muito brincalhão, você conseguirá pegar facilmente e ficará brincando sozinho. Pode parecer meio bobo, mas logo seu cão irá decidir entrar na brincadeira.

• Faça seu cão de "bobinho"

Faça o brinquedo passar de você para outra pessoa, tentando evitar que seu cão pegue. É melhor rolar o brinquedo no chão do que jogar por cima do cão, pois é importante que ele consiga pegar de vez em quando. Sempre faça a maior festa quando ele conseguir.

• Brinque de cabo de guerra

Essa brincadeira costuma deixar os cães loucos de alegria, e quase sempre é a brincadeira preferida deles. Procure um brinquedo comprido ou uma cordinha para evitar que seu cão se engane e morda sua mão. Você vai escutar muita gente falando que não se deve brincar assim com o cão, pois ele se tornará mais agressivo e dominante. Realmente isso pode acontecer se o cão aprender a tirar o brinquedo de você e ficar com ele. Aqui ele precisará aprender a soltar o brinquedo sempre que você pedir. Caso seu cão seja muito forte e dominante, e você duvidar de que irá conseguir ficar com o brinquedo no final da brincadeira, desista. É muito comum o cão rosnar quando está brincando de cabo de guerra, o que não significa que está agressivo. Não se preocupe: mesmo os cães mais submissos rosnam quando estão nesta brincadeira, pois faz parte de seu instinto.

• Desvie a vontade de morder para um brinquedo

Existe uma fase, que vai dos três aos seis meses aproximadamente, em que os cães só pensam em morder, não por agressividade e sim por brincadeira. Você vai perceber que broncas não funcionam e muitas vezes até o incentivam. Se seu cão é assim, faça com que todo o contato com ele ocorra por meio da utilização de um brinquedo. Quando perceber que ele vem vindo com aquela vontade de morder, pegue um brinquedo e desvie sua atenção para ele, fazendo a maior festa cada vez que o filhote estiver com o brinquedo na boca.

Alguns cães crescem adorando morder as pessoas enquanto ignoram os brinquedos: isso acontece por uma falha, nesta fase especificamente. Se seu cão veio brincar de morder e você não tem como desviá-lo para um brinquedo ou realmente não está a fim de brincar, pare, cruze os braços e não olhe para ele até que ele desista de você. Acredite que agir assim é muito mais eficiente do que tentar empurrar, falar e principalmente correr dele.

Ensine seu cão a devolver o brinquedo

A maioria das pessoas tem dificuldades em fazer com que o cão devolva o brinquedo para que a brincadeira continue. Isso, a longo prazo, irá fazer com que a pessoa brinque menos com o cão, pois a brincadeira se torna cansativa.

Veja aqui algumas regras simples para seu cão aprender a devolver o brinquedo.

1) Não corra atrás dele
Depois que seu cão já aprendeu a gostar do brinquedo, você deve parar de persegui-lo, pois isso é com certeza mais divertido do que devolver o brinquedo para você.

2) Ande no sentido contrário
Quando seu cão estiver com o brinquedo na boca, ande para longe dele chamando-o; caso contrário, ele irá para mais longe.

3) Agrade-o quando chegar perto
Quando seu cão vier para perto com o brinquedo na boca, faça carinho em seu corpo, especialmente no peito, e nunca tente tirar o brinquedo de sua boca.

4) Troque o brinquedo por outro ou por um petisco
Mantenha outro brinquedo ou um petisco escondido e só mostre quando seu cão se aproximar de você. Ele irá, então, soltar o brinquedo. Você deve pegá-lo e só depois jogar o outro brinquedo.

Repita este último passo até seu cão estar acostumado; depois, você pode passar a recompensá-lo, jogando imediatamente o mesmo brinquedo que ele devolveu.

5) Motive-o sempre
A motivação é a alma do negócio: se você não estiver feliz e se divertindo, seu cão irá desistir muito rápido da brincadeira.

O comando "senta!"

O comando "senta!" é um dos mais fáceis de ensinar. É um comando importante, pois por meio dele podemos substituir comportamentos desagradáveis, como, por exemplo, pular e latir.

Escolha um dos dois métodos a seguir, e não tente usar ambos ao mesmo tempo, pois seu cão poderá ficar confuso.

"SENTA!" – Opção 1 – Método Motivacional (com uso de recompensas)

Você pode ensinar um filhote de apenas dois meses a sentar rapidamente por este método.

Segure um petisco na mão fechada e aproxime-se o mais que puder do focinho do cão, deixando-o cheirar o petisco.

Induza seu cão a seguir o petisco, fazendo-o olhar bem para o alto.

Em algum momento ele irá sentar para ficar mais confortável nesta posição: dê o petisco imediatamente.

Figura 6 – O comando "senta!"

Cinco a oito repetições são suficientes para você perceber uma boa evolução. Pare e retorne ao treinamento algumas horas depois ou no dia seguinte.

Comando por gesto

Comece a distanciar sua mão do focinho do cão, fazendo um sinal com a palma da mão para cima. Este será o comando por gesto para seu cão sentar.

Comando verbal

Para ensinar o comando verbal você deve falar a palavra "senta", apenas uma vez, antes de fazer o gesto.

Dê mais ênfase à sílaba tônica da palavra:

"senta"

Dessa forma, o cão usa a palavra como um atalho para ganhar o petisco mais rápido, mas se a palavra vier junto com o gesto, seu cão preferirá prestar atenção apenas ao gesto.

Procure falar a palavra de forma clara, sem gritar ou parecer autoritário demais. Lembre-se: você está pedindo e não ordenando. A obediência de seu cão irá depender do treinamento correto e não do fato de você parecer ameaçador.

O ideal é que você consiga dar o petisco com seu cão sentado, mas os cães mais agitadinhos podem sentar, levantar e pular num curto espaço de tempo. Sendo assim, sempre avise com um "muito bem" ou "isso" no momento exato em que seu cão sentou.

"SENTA!" – Opção 2 – Método Tradicional

Neste método você irá colocar seu cão na posição sentada. Para isso você precisará colocar uma coleira ou enforcador e guia no seu cão. Espere que ele tenha quase cinco meses para ensiná-lo.

Com o cão em pé, diga uma vez a palavra "senta" e, em seguida, puxe a guia para cima e para trás com a mão direita, enquanto faz uma pressão no final das costas de seu cão, perto da garupa.

Libere totalmente a pressão no momento em que ele sentar e recompense-o com carinho e alegria.

Nunca repita a palavra: fale apenas uma vez, dê um ou dois segundos para seu cão obedecer; caso contrário, coloque-o na posição sentada.

Você irá perceber que cada vez mais ele irá se adiantar e a pressão necessária irá diminuindo até ele sentar sozinho.

Treine delicadamente: o cão nunca deve obedecer por medo.

Você também pode fazer um gesto levando a mão para cima quando pedir para o cão sentar; assim ele obedecerá ao gesto e à palavra.

O comando "dá a pata!"

Este é um comando que os cães costumam adorar, e muitas vezes já faz parte da maneira natural de eles pedirem atenção. Um filhote de dois meses pode aprender este comando.

Na verdade, este comando é apenas uma gracinha ou uma maneira educada de ensinar seu cão a pedir algo. Ensinar com petiscos ou brinquedos é mais rápido e eficiente neste caso, pois logo ele não dependerá mais deles para obedecer.

Coloque um petisco ou um pequeno brinquedo, pelo que seu cão se interesse bastante, fechado em sua mão.

Peça ao cão para se sentar se for possível, pois será mais fácil para ele assim.

Tente que ele siga a sua mão, fazendo-o olhar para baixo, na direção de seu próprio peito.

Fique com a mão nesta posição até que ele comece a tentar tirar a recompensa fechada em sua mão.

No instante em que ele tentar fazer isso com a própria pata, abra a mão e deixe-o pegar o petisco.

Figura 7 – O comando "dá a pata!"

Repita até que o comportamento se torne automático.

Diga o comando verbal "dá a pata!" antes de abaixar sua mão.

Porém, você pode escolher outro comando verbal que preferir, sempre dando ênfase à sílaba tônica, como, por exemplo:

"Dá a **pa**ta".

ou

"Dá a pa**ti**nha".

Com o tempo, comece a mostrar a recompensa cada vez um pouquinho mais longe e a pedir a pata com a sua mão vazia.

Logo seu cão oferecerá a pata sempre que você abaixar sua mão próximo a ele.

A outra pata

Depois de ensinar a dar uma das patas, você poderá facilmente ensinar seu cão a dar a outra em seguida, bastando pedir "a outra" e desequilibrá-lo levemente para o lado contrário à pata que você quer.

Faça isso levando a recompensa um pouco para o lado contrário ao da pata que ele já estendeu, fazendo com que apoie o peso do corpo nesta pata, deixando a outra livre para oferecer.

O comando "deita!"

O comando "deita!" não é um dos preferidos dos cães e, sendo assim, você irá precisar praticar mais do que os comandos anteriores.

Se já o ensinou a sentar apenas com recompensas, ensine-o a deitar também desta forma. Caso tenha ensinado pelo método tradicional, continue mantendo a mesma linha.

"DEITA!" – Opção 1 – Método Motivacional (com uso de recompensas)

Comece a ensinar o comando "deita!" após seu cão ter uma boa noção do comando "senta!". Prefira os petiscos aos brinquedos até que ele entenda bem o comando.

Peça ao cãozinho para que sente, leve um petisco até o seu nariz e faça-o seguir com a cabeça em direção ao chão, em linha reta, até que dobre as patas e encoste os cotovelos no chão. Recompense-o imediatamente.

Figura 8 – O comando "deita!"

Se o cão levantar o traseiro do chão, levante a mão novamente e peça para que sente. É mais fácil deitar a partir da posição sentada.

Comando por gesto

Apontar para o chão ou fazer um movimento com a mão em direção ao chão com a palma virada para baixo acabará sendo naturalmente o comando por gesto para o cão deitar.

Enquanto você pratica este comando com seu cão, deverá cada vez mais ir afastando a mão de seu focinho e procurando abaixar menos em direção ao chão, até que ele obedeça a um pequeno sinal.

Comando verbal

Fale a palavra claramente, antes de começar o gesto:

"deita"

Lembre-se de não repetir a palavra, pois todo cão demora um pouco para responder apenas à palavra. Eles sempre preferem os gestos. Para isso basta treiná--lo corretamente e em breve ele irá demonstrar que associou a palavra ao comando.

O comando "fica!"

Este é um comando muito útil que poderá ser usado numa série de situações do dia a dia, como, por exemplo, enquanto preparamos a ração, quando abrimos a porta para uma visita entrar etc.

O treinamento para que o cão fique com segurança leva um pouco de tempo.

É recomendado o uso de guia, pelo menos no início, pois é preciso que o cão tenha um pouco de maturidade para aprender; portanto, comece a ensinar quando ele tiver mais de cinco meses.

Inicie pedindo para o cão sentar ou deitar. Diga então a palavra "fica", mostrando a palma da mão na frente do cão.

Crédito: João Alberto S. Barro

O comando "fica!"

Inicialmente, não se movimente; apenas mostre ao cão que se ele permanecer nesta posição irá ganhar um petisco. Repita o gesto e a palavra depois de recompensar o cão.

Gradualmente, aumente o tempo entre os petiscos, mas só o recompense se ele permanecer imóvel. Caso ele saia, faça com que volte para o mesmo local e posição. Para isso, você pode usar a guia ou o petisco; apenas espere para recompensá-lo.

Se o cão ficar parado calmamente, por volta de 10 segundos, cabe a você começar a se movimentar, dando um passo para longe dele. Se ele sair, recoloque-o no local e na posição inicial. Quando ele deixar que você dê um passo e volte para ele, sem sair do lugar onde estava, recompense-o com um petisco. Repita o comando e saia novamente.

Aumente aos poucos a distância quando perceber que seu cão está confortável com aquele grau de dificuldade.

Você poderá ir aumentando aos poucos o tempo, a distância e o grau de distrações, sempre um de cada vez. Se aumentar as distrações pedindo para outra pessoa passar por perto, por exemplo, facilite no tempo recompensando rapidamente e não fique muito distante, pois é preciso corrigi-lo imediatamente caso ele se movimente.

Se estiver a uma boa distância do cão e ele se levantar, diga a palavra "não" em tom firme no exato momento em que ele tentar sair. É preciso informá-lo na hora exata onde foi que ele errou, pois você levará um certo tempo para colocá-lo na posição inicial novamente.

Para liberar o cão, fique perto dele, recompense-o e chame-o com o comando "vem!" ou "aqui!". Só o chame de longe quando ele estiver já bem treinado e tente evitar esta prática. Sempre chegue perto dele para permitir que ele saia da posição de espera.

O mais importante neste exercício é você nunca deixar com que seu cão saia do lugar, ou ele irá aprender rapidamente a desobedecer. É preciso ser persistente e nunca diga o comando "fica!" se você acha que não tem condições de corrigi-lo, caso ele saia do lugar.

Faça sempre poucas repetições deste comando pois é realmente um comando cansativo para a maioria dos cães: com cinco repetições por dia você terá um avanço surpreendente e não estressará o cão.

Você não precisa utilizar petiscos obrigatoriamente; porém, a utilização de recompensa irá facilitar bastante o aprendizado. Brinquedos também são excelentes depois que o cão tenha entendido o que se espera dele.

Resumo:

• peça para o cão sentar ou deitar;
• diga a palavra "fica" e faça o gesto para ele ficar no lugar;
• afaste-se e volte para perto do seu cão;

- recompense-o e repita o comando;
- aumente gradualmente tempo, distância e distrações;
- se o cão sair da posição, pegue-o imediatamente e reinicie do mesmo local e posição.

Aperfeiçoamento dos comandos

É comum as pessoas ensinarem comandos aos cães e depois se frustrarem, pois eles não obedecem em condições diferentes daquela em que aprendeu inicialmente. Por exemplo, se outras pessoas estão por perto, se não estamos com petiscos, se estamos na rua etc.

Isso não é nada menos do que o esperado. Simplesmente entender um comando não significa que a aprendizagem está terminada. A verdade é que, se seu objetivo é a perfeição, o trabalho não termina nunca, sempre haverá o que aperfeiçoar, pois o treinamento canino é como qualquer esporte ou atividade: depende de prática e dedicação.

É importante saber trabalhar cada aspecto que envolve a obediência para conseguir um bom resultado. É preciso ter em mente um objetivo claro durante o treinamento, sempre trabalhando com foco em apenas um aspecto, facilitando que o cão entenda o nosso objetivo.

Veja a seguir os aspectos mais importantes.

Rapidez

O cão deve obedecer os comandos prontamente. Para isso é importante não ficar repetindo o comando sem parar até que ele resolva fazer. Se você está ensinando o cão a sentar pelo Método Tradicional, por exemplo, você deve pedir o comando e, se o cão vacilou por 2-3 segundos, já será o tempo suficiente para que o coloque sentado. Se você está trabalhando com petiscos, deve gradualmente ajudar menos com sinal e petiscos e só recompensar as vezes em que ele obedecer rapidamente.

Tempo

O cão deverá aprender a continuar numa mesma posição quando damos comandos como "senta!" e "deita!". O tempo que ele deve ficar na posição deve ir aumentando bem lentamente. Se exigimos mais do que o cão é capaz de fazer iremos acabar retrocedendo no treinamento, pois ele irá desistir de colaborar. Quando o cão demonstra frustração significa que não está entendendo o que queremos: é preciso facilitar, mesmo que tenhamos que voltar ao início e então pouco a pouco aumentarmos o grau de dificuldade.

Distância

O cão pode aprender a obedecer mesmo estando a muitos metros de distância. No entanto, o primeiro passo é conseguir que ele obedeça estando distante apenas alguns centímetros de nós. Se o cão sabe "ficar", você pode se afastar 50 cm e pedir para ele deitar ou sentar. Caso se levante, coloque-o no mesmo lugar e tente novamente. A distância deve ser aumentada somente se o cão estiver obedecendo muito bem na distância atual.

Se você está trabalhando pelo Método Tradicional, pode ser necessária uma guia longa; se está trabalhando com recompensas, jogue o petisco ou brinquedo, mesmo estando longe, assim que o cão obedecer. Ele achará divertido pegar o petisco ou o brinquedo no ar, e isso facilitará o seu trabalho.

Distrações

O maior problema que as pessoas enfrentam é conseguir ser obedecido em meio a distrações, como praças, ruas ou na presença de pessoas estranhas. É importante ressaltar que quando estamos ensinando devemos procurar um local onde o cão tenha total concentração, afinal você também não gosta de interferências externas quando está tentando aprender algo.

Quando tiver certeza de que o cão entendeu realmente o comando, poderá começar a variar o local. Lembre-se sempre: o cão poderá levar um certo tempo para conseguir se concentrar numa praça, mesmo se você estiver trabalhando com recompensas. O ideal é que mantenha o cão na guia e não deixe que ele saia por aí, cheirando outros cães ou árvores.

Comece treinando perto de sua casa, em ruas tranquilas, e aos poucos aumente a quantidade de distrações. Escolas de adestramento ou aulas em praças são boas opções para ensinar os cães a obedecer em meio a distrações.

Independência da guia ou recompensas

Este item merece uma atenção especial, pois é o ponto onde as pessoas costumam ter mais dúvidas e onde podem cometer mais equívocos.

Primeiramente, a obediência depende de condicionamento, ou seja, muita e muita repetição. Você poderá ir tirando a guia ou as recompensas simplesmente porque o cão começa a obedecer "sem pensar", ou seja, quando estiver condicionado. Mas pode levar muito tempo e, por isso, podemos usar de um pouco de psicologia para conseguir uma evolução mais rápida.

Precisamos entender que os cães não são nada bobinhos e quase nunca obedecem sem que exista uma recompensa. Eles costumam obedecer com entusiasmo quando sabem que serão obrigados ou quando existe uma chance de ganhar algo. Sendo assim, vamos aprender a adestrá-los.

Independência da guia – se o cão depende da guia para obedecer, a sua tarefa será convencê-lo de que você consegue controlá-lo quando ele imaginava que não seria possível. Troque a guia e o enforcador por equipamentos cada vez mais leves. Depois, retire a guia e deixe apenas a coleira ou o enforcador. Inicialmente ensine com o cão perto de você, pois, caso ele não obedeça, você poderá segurá-lo e insistir com que ele o faça.

Toda vez que você pedir um comando e não conseguir obediência, você estará ensinando-o a desobedecê-lo, e o treinamento terá de regredir vários passos. Se existe alguma situação em que você de antemão já sabe que o cão não irá obedecer, é melhor não pedir. Evite esse erro que a maioria das pessoas acabam cometendo. Algumas situações realmente exigem muito treinamento e controle por parte do dono.

Independência das recompensas – a primeira coisa que um cão faz quando aprende com o uso de recompensas é obedecer apenas se está vendo o que irá ganhar. O seu objetivo final será sempre mostrar ao seu cão que a qualquer momento ele poderá ganhar algo, mesmo numa situação em que não o esperava, e será melhor ainda, pois será um prêmio-surpresa. A obediência deve se transformar numa brincadeira, num jogo de azar mais precisamente. A mesma regra que faz as pessoas se viciarem em cassinos pode ser utilizada para os cães se viciarem em aprender e obedecer.

Aprenda a seguir alguns passos para obter sucesso.

1) Passe a dizer os comandos sem que a recompensa esteja na mão que faz o sinal. Você pode mostrar o petisco e depois mantê-lo na outra mão, enquanto pede com a mão vazia, por exemplo.

2) Deixe a recompensa guardada até que o cão obedeça. Diga os comandos sem mostrar o que ele irá ganhar, mas mantenha os prêmios próximos, em cima de uma mesa ou numa pochete. O importante é não ter os prêmios na sua mão.

3) Surpreenda o cão num momento em que ele não esperava ganhar nada. Os cães logo passam a obedecer comandos simples em situações do cotidiano apenas por atenção e carinho. Assim, em alguns desses momentos, surpreenda seu cão atirando um brinquedo que ele não estava vendo ou lhe oferecendo um petisco que estava guardado.

4) Recompense apenas os melhores desempenhos. Faz parte do processo de aprimoramento recompensar apenas uma porcentagem das vezes em que o cão obedeceu. Depois que o cão aprendeu o comando, devemos deixar de recompensar as vezes em que ele demorou mais para obedecer, quando não se posicionou bem

etc. Devemos gradualmente recompensar cada vez menos sem nos tornarmos previsíveis. Por exemplo, começamos recompensando oito em cada dez tentativas; depois passamos para seis, para cinco e assim por diante. Porém, isso não significa que o intervalo deve ser constante: se sempre recompensarmos uma vez e não recompensarmos as próximas quatro, o cão irá perceber o intervalo e ficará desmotivado. Pense no desempenho do cão e não num intervalo fixo.

5) Utilize recompensas alternativas. Em várias situações do dia a dia podemos utilizar algo que o cão quer como recompensa, para mostrarmos qual o comportamento que queremos. É assim que conseguimos aliar o adestramento com a educação do cão. Por exemplo: se o cão fica muito agitado quando o vê, e quer atenção e carinho, peça para que ele primeiro se sente e só depois manifeste seu carinho. Pode levar um tempo maior nas primeiras semanas, mas logo ele irá sentar quando se aproximar de você, evitando pulos, mordidas e outras brincadeiras impensadas. Outro exemplo é quando vamos levar o cão para passear. Em geral ele fica tão agitado que mal conseguimos colocar a guia: é outro bom momento para pedir para ele sentar. Às vezes o cão demora um pouco por causa da ansiedade, mas uma dose de paciência sempre resolve: você pode virar as costas e esperar que ele se acalme para pedir que se sente novamente. Também pode pedir para ele "ficar" enquanto a comida é preparada, para "dar a pata" quando quer carinho, para trazer o brinquedo em vez de pegar o pano de chão ou qualquer outra coisa. Substitua as manias indesejáveis de seu cão por comportamentos mais apropriados.

6) Varie a recompensa. Como já foi dito, devemos transformar a obediência numa espécie de loteria, em que o cão obedece na esperança de ganhar algo. Para que o "jogo" fique ainda mais interessante, devemos variar o tipo e a quantidade de recompensas. Por exemplo: se seu cão gosta de petiscos, você deverá dar sempre um pedacinho e surpreendê-lo com uma grande quantidade quando ele tiver um bom desempenho. Além da quantidade, podemos variar o tipo, usando petiscos "especiais" quando ele merecer.

No caso do uso de brinquedos como recompensa, o que deve variar é o nosso entusiasmo e o tempo que brincamos com o cão. Para um bom desempenho, mostre-se feliz e faça a brincadeira preferida dele. Por exemplo: os cães adoram brincar de cabo de guerra; então, deixe essa brincadeira para os seus melhores desempenhos; no dia a dia apenas jogue o brinquedo para ele buscar e trazer.

A importância da motivação

Você já deve ter tido um daqueles professores monótonos, que usam sempre o mesmo tom de voz e parecem não estar nada entusiasmados em ensinar. Dava até sono, não é mesmo?

Você quer ser esse professor para o seu cão? Não, pois a velocidade do aprendizado irá depender de quão motivado ele está para aprender. O seu entusiasmo é essencial para motivar o animal. O adestramento deve parecer uma brincadeira. Veja algumas dicas para manter seu cão motivado:

- fale com seu cão, fazendo sempre uma festa quando for recompensá-lo;
- se a recompensa for um petisco, varie a forma de oferecê-lo: jogue de longe, deixe que morda apenas a pontinha de um petisco grande, brinque um pouco com o petisco antes de entregar etc.;
- se for dar um brinquedo, ofereça os que apitam de vez em quando, mantenha o brinquedo escondido e jogue repentinamente, faça festa quando seu cão estiver com o brinquedo na boca etc.;
- treine apenas quando o cão estiver bem motivado e pare antes de ele cansar, caso contrário a imagem que ele terá do adestramento será de uma atividade cansativa. Deixe que ele sempre fique com um "gostinho de quero mais";
- termine a sessão de treinamento com um bom desempenho de seu cão e uma recompensa especial.

O comando "não!"

Uma das maiores dificuldades que as pessoas têm é ensinar corretamente o significado da palavra "não" para seus cães. Quantas vezes ficamos falando incessantemente "não... não... não" e o cão nem se abala e continua fazendo o que quer.

Primeiro: o cão não nasce sabendo! Muitas e muitas pessoas ficam falando "não" num tom de voz autoritário, querendo que o cão obedeça, sem mostrar a ele o que está querendo dizer.

Os cães são animais inteligentes: ele pode até saber que você não quer que ele pegue seu chinelo, por exemplo, mas se você fala "não!" e ele consegue pegar, jamais deixará de fazê-lo. Se você já educou uma criança verá que funciona exatamente da mesma forma.

Se você está tendo dificuldade em educar seu cão, a primeira dica é praticar de uma maneira organizada, preparando uma situação onde irá mostrar a ele o que quer dizer quando fala "não".

Experimente o exercício a seguir.

Pegue alguns petiscos na mão e ajoelhe-se no chão. Diga "não!", num tom de voz firme, mas sem agressividade, e coloque os petiscos no chão. Se, enquanto você leva os petiscos até o chão, seu cão tentar pegá-los empurre seu focinho para o lado e para trás. Ele tentará pegar o petisco algumas vezes; repita o "não" empurrando o cão para longe do petisco até que ele entenda que não conseguirá pegar e desista completamente. É importante fazer isso quando ele realmente está bem perto do petisco: não dê broncas à toa, pois seu cão ficará confuso. Recompense-o com outro petisco quando ele recusar de imediato apanhar o petisco colocado no chão. Repita o procedimento até que seu cão desista dos petiscos. Mude de ambiente, de petiscos e vá aos poucos se afastando de seu cão.

Cada cão possui uma sensibilidade diferente: se você sabe que seu cão é sensível, empurre-o delicadamente; cães mais teimosos precisam de empurrões mais bruscos: mesmo assim nunca recorra a tapas ou espancamentos. A ideia é que ele pare de tentar, pois percebeu que é impossível conseguir pegar os petiscos. Empurrar o focinho para o lado é mais fácil do que empurrar o cão inteiro, caso ele seja de porte grande. O ideal é que o cão desista no máximo na quinta tentativa. No entanto, caso não tenha êxito até lá, experimente ser um pouco mais brusco na hora de empurrar seu cão.

Atenção: se seu cão conseguir roubar o petisco, ele estará aprendendo a desobedecer e se tornará cada vez mais teimoso. É preciso ter sucesso sempre. Se você não está seguro de que irá conseguir, peça para alguém segurar seu cão na guia enquanto coloca os petiscos no chão e se prepara para não deixá-lo pegar. Se tiver dificuldade, a outra pessoa deve segurar o cão, impedindo-o de pegar.

Dicas para usar corretamente a palavra "não" no dia a dia:

• Só diga a palavra "não" quando tiver certeza de que conseguirá impedi-lo de cometer o erro.

• Mostre a ele claramente o que não pode fazer. Por exemplo: se ele não pode entrar em casa, diga "não" e coloque-o rapidamente para fora logo na sua primeira tentativa de entrar, ou seja, no primeiro passo para dentro.

• Não repita duas vezes o "não": o cão deve saber que terá de atendê-lo na primeira vez.

• Simule situações corriqueiras para estar preparado para ensinar seu cão, como, por exemplo: deixe uma meia ou um chinelo ao seu lado e impeça seu cão de pegá-los; coloque uma comida apetitosa na beirada da mesa e teste se seu cão tentará pegar etc.

Cães muito teimosos podem precisar de um estímulo negativo maior para desistir de "aprontar". Se você tem um cão assim, experimente bater algo barulhento no chão, como uma garrafa plástica, no momento em que ele tentar cometer o delito.

Truques

Para que serve ensinar truques?

Ensinar truques pode melhorar a qualidade de vida de seu cão. O treinamento de truques pode e deve ser divertido tanto para você como para ele. O momento do treinamento é muito especial para o animal, pois ele terá toda a sua atenção e juntos vocês aprenderão a se comunicar e a estabelecer uma relação mais forte de afeto e confiança.

A prática de truques também dá vazão à necessidade que os cães têm de atividade. É comum os cães apresentarem problemas de comportamento por estarem entediados. Assim como nós humanos nos beneficiamos da prática de esportes e da constante aprendizagem, também os cães irão se beneficiar.

Não existe idade para começar nem para parar de aprender; é sempre possível ensinar novos truques a cães idosos, ao contrário do que diz o ditado. Mesmo que seja mais difícil ensinar um cão mais velho, os benefícios são enormes para a saúde do animal, devolvendo, muitas vezes, a vitalidade perdida.

Para que o treinamento seja divertido, deve-se basear totalmente em recompensas, e como não são comandos essenciais, não há motivo para obrigar o cão a obedecer.

Aqui estão algumas dicas de como ensinar alguns truques:

Gira

O comando "fazendo o oito", variação do comando "gira!"

Este comando é muito simples, e os cães costumam gostar muito de realizá-lo. Você irá ensiná-lo a girar como se ele estivesse correndo atrás do rabo.

Pegue um petisco ou um brinquedo na mão e faça seu cão segui-lo, desenhando um círculo acima da cabeça do cão. A princípio, faça o círculo devagar, deixando que ele tenha contato com sua mão durante todo o percurso. Dê a recompensa quando o cão estiver terminando a volta.

Quando o cão estiver um pouco familiarizado com o movimento diga a palavra "**gi**ra", pouco antes de começar o gesto.

Aos poucos, levante cada vez mais a mão, enquanto seu cão continua seguindo cada vez mais de longe, até que você consiga fazer um movimento rápido e com a mão bem acima da cabeça do cão.

Este comando pode ser treinado para os dois lados, e depois é possível pedir mais voltas antes de recompensar.

Morto

O comando "morto!" é fácil para alguns cães e difícil para outros, especialmente os mais "mandões", pois o cão deve se colocar em posição de submissão para ganhar a recompensa.

Você deve primeiro ensinar o comando "deita!", ou seja, começar com o cão na posição deitada. Utilize petiscos em vez de brinquedos, pois estes tornam o cão agitado. Induza-o a seguir o petisco com o focinho, levando-o para o lado e para baixo, em direção ao cotovelo do cão. Faça com que ele incline a cabeça até que o corpo caia de lado, e o recompense algumas vezes por esse movimento. Se o cão levantar, peça para que deite e recomece. Quando ele estiver virando o corpo com facilidade, guie o seu focinho em direção ao chão até que a cabeça encoste e o corpo inteiro fique de lado. Recompense-o imediatamente.

O comando "morto!"

São necessárias várias repetições até que ele responda rapidamente e fique na posição de morto. Comece a dizer a palavra "**mor**to" antes de induzi-lo à posição. Vá aos poucos levando a mão mais e mais para cima até conseguir pedir de longe. Um bom sinal para o comando "morto!" é apontar para o lado quando o cão está deitado. Treine também o tempo em que ele fica deitado, recompensando apenas as vezes em que ele se mantiver na posição por mais tempo.

Rola

Este comando é muito parecido com o anterior, mas os cães costumam gostar mais do comando "morto!" por ser mais dinâmico. Eles não precisam ficar parados numa mesma posição.

Caso seu cão já conheça o comando "morto!", você poderá começar por ele; caso contrário, siga o procedimento inicial do "morto!", fazendo com que ele vire o corpo de lado. Em vez de levar sua cabeça ao chão, você irá induzi-lo a continuar virando. Faça com que ele inicialmente fique de barriga para cima, com o focinho em linha reta em direção ao teto e continue levando o petisco até o outro lado, entregando-o imediatamente ao cão assim que ele rolar de lado.

Siga os mesmos procedimentos para relacionar um comando de voz e distanciar o sinal. Em geral, os sinais do comando "morto!" e "rola!" ficam muito parecidos: tente diferenciar, fazendo um círculo com o dedo e repetindo o movimento que usou para ensiná-lo a rolar. Dê bastante ênfase à palavra para facilitar a diferenciação.

Crédito: João Alberto S. Barro

O comando "rola!"

Cumprimento

O que chamamos "cumprimentar" é fazer com que o cão fique com o corpo em pé, mantendo o traseiro no chão.

Crédito: João Alberto S. Barro

O comando "cumprimenta!"

Este comando depende da agilidade do cão. Cães pequenos e ágeis como os Poodles ou fortes como os Pitbulls aprendem com facilidade; já os cães pesados, como Goldens e Labradores, precisam de um pouco mais de treino para se equilibrar.

Você deve iniciar com o cão na posição sentada e apresentar um petisco bem próximo ao seu focinho, fazendo-o olhar para cima. Leve bem vagarosamente o petisco para cima e para trás, fazendo com que seu cão tire as duas patas dianteiras do chão. Recompense inicialmente qualquer tentativa, desde que ele não levante o traseiro do chão ou não tente agarrar sua mão com as patas: ele deve aprender a se equilibrar sozinho.

Você pode induzir seu cão a levantar o corpo até que fique reto, perpendicular ao chão, onde ele ganhará equilíbrio e, aos poucos, aprenderá a ficar nesta posição por mais tempo.

Rastejar

O comando "rasteja!" é muito simples de ser ensinado. Peça para seu cão deitar e induza-o a seguir um petisco com o focinho lentamente, mantendo-o próximo ao chão. Inicialmente, recompense-o após um ou dois passos. Aos poucos, aumente a distância do petisco e o número de passos exigidos antes de recompensar.

O comando por gesto irá naturalmente se transformar em apontar para o chão e ir levando a mão para trás. Não se esqueça de falar o comando verbal "rasteja!" antes de começar o gesto, para que seu cão comece a obedecer também com a voz.

Crédito: João Alberto S. Barro

O comando "rasteja!"

Dicas para resolver problemas de comportamento mais comuns

Pulos nas pessoas

Antes de mais nada, você deve se decidir se realmente quer que seu cão pare de pular em todas as situações e se as outras pessoas da casa irão colaborar com o treinamento. Às vezes temos um cão pequenino que não irá causar grandes danos com seus pulos, mas insistimos em brigar com ele em algumas ocasiões e fazer festa e acariciar em outras. Ele irá ficar cada vez mais confuso e, dessa forma, nunca irá aprender.

Antes de ensinar ao cão que ele não deve pular, devemos ensinar para ele o comportamento que desejamos quando ele quiser carinho e atenção. Nessa etapa, devemos ignorá-lo totalmente quando ele pular. Experimente cruzar os braços e olhar para cima enquanto o cão está muito agitado: ele poderá até insistir um pouco, mas logo irá se acalmar; nesse momento, peça ao cão que se sente e imediatamente faça-lhe carinho. O uso de petiscos acelera bastante o processo. Quando puder, leve petiscos quando for ter o primeiro contato com o cão de manhã ou quando chegar em casa e recompense-o também com o petisco, além do carinho. O tempo de treinamento irá diminuir, e em breve você verá que seu cão senta logo que você se aproxima, mesmo sem o comando.

Cães que já são muito condicionados a pular podem precisar de uma ajudinha extra. Encha um borrifador com água, ou água misturada com produtos amargos como os vendidos em pet shops para a educação dos cães: observe se o produto pode mesmo ser ingerido. Quando seu cão tirar as patas da frente para começar o pulo, diga "não" e borrife a água em seu focinho; volte a falar com ele normalmente e fazer festa quando estiver com as quatro patas no chão, mesmo se estiver agitado. Tente provocá-lo para pular mais vezes, agitando-o cada vez mais e borrife em seu focinho em cada tentativa. Se ele já é muito agitado, você precisará estar preparado com o borrifador nos momentos em que sabe que ele não conseguirá se controlar, mas tente pelo menos manter o borrifador escondido para que o cão não pare de pular apenas porque vê que você está "armado". Pare de usar o borrifador quando perceber que ele já está bem condicionado a não pular.

De qualquer forma, você também deve mostrar ao seu cão que existem comportamentos alternativos que irão trazer o mesmo resultado que os pulos:

pode ser sentar ou, no caso de cães muito agitados, trazer um brinquedo. Veja: nenhum cão pula quando segura um brinquedo na boca. Para estimular seu cão a esperá-lo com um brinquedo na boca, peça para que ele pegue o brinquedo assim que você chegar em casa. Caso ele ainda não saiba buscá-lo sozinho, pegue você o brinquedo antes de falar-lhe. Logo ele perceberá que o brinquedo é importante e que significa interação entre vocês.

Urina e fezes fora do lugar adequado

Ao lado da destruição de objetos, este é o problema que mais leva as pessoas a desistir de seus cães. É preciso ensinar o filhote assim que você o traz para viver em sua casa.

Antes de tudo, observe o ambiente: os cães irão naturalmente procurar um local que absorva a urina: procure fazer com que o único local interessante para isso seja o local correto. Não deixe que seu cão fique em contato com tapetes até ter aprendido a urinar no local desejado.

Os cães gostam de manter limpo o local onde dormem e se alimentam; portanto, faça o "banheiro" do cão a uma boa distância de sua cama e de seu local de alimentação. Se o cão for filhote, apenas não exagere na distância, pois ele não conseguirá se segurar por muito tempo. No caso de o cão ficar dentro de casa, deixe seus pertences em um lado e o banheiro no lado oposto.

Os cães possuem o hábito de urinar e principalmente defecar pouco tempo após ter se alimentado. Procure manter sempre a mesma rotina de alimentação e retire o prato depois de cinco ou dez minutos, caso ele não tenha comido tudo. Mesmo que seu cão não tenha comido nada, só volte a alimentá-lo no horário correto. Não se preocupe pois ele não irá passar fome: muitas vezes os cães preferem se alimentar apenas uma vez por dia e podem passar por períodos em que não comem muito. Se ele estiver com aparência saudável, não há com que se preocupar.

Acompanhe seu cão ao "banheiro" logo de manhã e após cada refeição, recompensando-o com o petisco preferido dele quando fizer suas necessidades no local correto. Atenção: é importante que a recompensa seja dada imediatamente após o ato.

Evite os acidentes a qualquer custo: prepare um local adequado para deixá--lo quando estiver sozinho, nunca perto de tapetes ou carpetes. Quando estiver com ele dentro de casa, fique atento ao tempo que ele está sem fazer suas necessidades e leve-o de vez em quando ao local preparado. Filhotes aguentam pouco tempo sem urinar e, após cinco ou seis meses, já conseguem segurar por muitas horas, inclusive uma noite inteira. Observe a rotina de seu cão para saber de quanto em quanto tempo ele costuma urinar e defecar.

Uma vez que seu cão urinou no local errado, o cheiro permanecerá ali e irá estimulá-lo a urinar no mesmo local. Produtos de limpeza comum não tiram o cheiro totalmente, e seu cão possui uma capacidade olfativa excepcional. É necessário o uso de um produto especial, em geral com ação enzimática que realmente produza o efeito desejado.

Nunca dê broncas quando encontrar o xixi no lugar errado. Por mais que possa parecer que seu cão entende o motivo da bronca, na realidade ele não associa o ato de fazer xixi naquele lugar com a punição. Ele entende a sua che-gada e a presença do xixi, o que nunca irá resolver a situação e apenas o deixará confuso e inseguro.

Acredite: a velha técnica de levar o cão até o xixi e esfregar seu focinho no local ou bater com um jornal não funciona para absolutamente nada. Os cães, conforme crescem, passam sozinhos a fazer as necessidades fora de casa. Hoje, com muitos cães morando em apartamento, os problemas se agravam se uma técnica correta não for adotada.

Só dê bronca no animal se pegá-lo no ato de urinar ou defecar e se já tiver sido recompensado muitas vezes por fazer no local adequado. Se o cão ainda não conhece bem o local correto, e não está acostumado a fazer as necessidades na sua frente, irá achar que sempre que fizer suas necessidades na sua frente irá levar uma bronca. Duas coisas podem acontecer: ou ele irá usar o ato de urinar para chamar sua atenção ou ficará com medo de fazer na sua frente, dificultando ainda mais ensinar o local correto para ele fazer suas necessidades. O cão irá se segurar até que você vire as costas e sempre fará suas necessidades em locais cada vez mais diferentes.

Portanto, nunca se esqueça: a parte mais importante deste treinamento é recompensar a atitude correta, mesmo que para isso toda a rotina da casa tenha que mudar por um período de tempo. É melhor ter esse trabalho logo no início do que passar dez ou quinze anos convivendo com o problema.

Buracos na terra

Fazer buracos na terra é um comportamento instintivo dos cães. Algumas raças, como os Terriers, foram selecionados para caçar pequenos animais de tocas e por isso possuem um instinto maior ainda de cavar. Enterrar brinquedos e ossos ou fazer um ninho na terra também são motivos comuns para os animais fazerem buracos.

Se seu cão costuma fazer um buraco sempre no mesmo local, o problema pode ter uma solução simples: enterre ali um pouco das suas próprias fezes que ele irá parar de mexer naquele local.

No caso de cães que adoram fazer buracos cada hora em um local diferente, repare se ele não está entediado: pode estar fazendo isso apenas para gastar energia. Fique um tempo maior com ele, brinque mais e ofereça seus brinquedos, dê brinquedos mais divertidos e ossos, passeie mais, aumente o tempo de adestramento etc. Em último caso, arranje um local especial para ele cavar, com areia fofa, enterre um biscoito ou osso e recompense-o cada vez que estiver cavando ali.

Fique atento ao tipo de areia que está utilizando: se o composto tiver farinha de osso, seu cão ficará ainda mais estimulado a cavar ali.

Colocar substâncias repelentes, como as que são vendidas em pet shops ou pimenta ou citronela na terra também pode contribuir para resolver com esse problema.

O cão que come fezes

Existem várias razões e teorias para os animais comerem fezes. O hábito é chamado coprofagia. Uma cadela, por exemplo, come as fezes de sua ninhada para manter o ambiente mais limpo e escondido de predadores. Cães e lobos também costumam comer fezes de outras espécies, principalmente herbívoros, pois estas contêm uma boa quantidade de vitaminas. Alguns problemas de saúde como parasitoses, insuficiência pancreática ou intestinal e desnutrição podem causar coprofagia. Porém, os fatores mais comuns são comportamentais, como o estresse, necessidade de atenção ou o fazem simplesmente porque apreciam o sabor.

Os cães podem comer suas próprias fezes, as fezes de seus companheiros ou as de outras espécies presentes no ambiente, como de coelhos ou gatos.

Já existem no mercado medicamentos que, quando ingeridos, deixam as fezes com gosto ruim, podendo ser a solução mais simples para esse problema. O medicamento deve dado para todos os animais da casa: os que costumam comer as fezes ou não. Assim, se existem três cães na casa e um deles ingere as fezes de todos, todos terão de tomar o medicamento.

Não confine o cão por um tempo muito prolongado nem em espaço muito pequeno: o estresse dessa situação muitas vezes leva à coprofagia.

Mantenha o ambiente o mais limpo possível: recolher as fezes logo após o animal defecar, impedindo-o de comê-las, também pode resolver o problema.

Os cães podem agir por imitação ou por imaginar que você está interessado em suas fezes, ou seja, também as suas devem ser interessantes para eles. Portanto, procure não recolher as fezes na frente de seu cão, prendendo--o em outro ambiente sempre que possível. Não fale com ele enquanto estiver com as fezes na boca, mesmo dando uma bronca: os animais irão considerar essa atenção positiva e poderão repetir este comportamento para chamar a atenção.

Outras pequenas mudanças também podem contribuir para resolver o problema: mude a ração, aumente o número de refeições (mantendo a quantidade diária constante) e não dê carboidratos – como pães, por exemplo – aos animais.

O cão que rouba alimentos

O motivo de os cães roubarem nossos alimentos é simples: nossas comidas são deliciosas. O fato de o cão ser ladrão ou não parar de pedir "nossa" comida não significa que ele está sendo mal alimentado ou que a ração é ruim: muitos cães são naturalmente gulosos.

Parar com o roubo de alimentos humanos não é uma tarefa fácil. A solução mais simples é não deixá-los em locais onde o cão tenha acesso, pelo menos quando ele é deixado sozinho. Quando o cão fica sozinho, invariavelmente irá procurar coisas para fazer, e seu poderoso olfato o levará até os cheirinhos interessantes dos nossos alimentos. Uma vez que o cão rouba, e descobre o prazer que é degustar sozinho um pacote de pão ou mesmo uma barra de chocolate (que é tóxica para cachorros), será difícil eliminar esse hábito.

Desde filhote ele não deve ter a chance de roubar alimentos. Dessa maneira, devemos estar atentos às suas tentativas de subir na mesa ou na pia. Nessas situações, o cão deve levar um empurrão rápido antes mesmo de chegar a cheirar os alimentos. Na nossa presença deve ser possível deixar alimentos na beirada da mesa sem que o cão tente chegar perto. Para termos mais segurança, podemos deixar uma comida apetitosa próxima à beirada e sairmos do recinto, ficando a observar da porta. Qualquer tentativa do cão de se aproximar e cheirar deve ter como resposta um objeto bem barulhento jogado próximo para que ele se assuste. Repetindo umas três vezes, o cão entenderá que não deve se aproximar do alimento.

É possível também preparar uma armadilha quando você precisar sair. Deixar a comida com um gosto ruim, colocando pimenta ou limão, pode funcionar, embora alguns cães consigam facilmente diferenciar os alimentos "armadilha" dos outros. Outra opção é prender um barbante ao alimento, fazendo com que tampas de panela, garrafas plásticas ou outros objetos barulhentos caiam no chão quando ele puxar o alimento de cima da mesa. Mas será preciso remontar a armadilha ou ele poderá perceber que tudo não passou de uma armação e que poderá comer quando retomar a coragem.

Roubar comida diretamente de sua mão é absolutamente inadmissível. Um cão não pode nunca conseguir tirar nada de sua mão, mesmo que seja um petisco ou brinquedo. Os cães não costumam fazer isso entre eles. Se isso está acontecendo com você, é bem provável que seu cão o esteja considerando fraco demais e submisso. Reveja os temas "O cão como dono da casa" e "O comando 'não!'" e tenha certeza de nunca mais deixar que seu cão roube algo de você.

Apenas as crianças merecem uma atenção especial: não deixe que elas comam perto do cão sem a presença de um adulto e não espere que a criança impeça-o de roubar. Você é quem deve ensiná-lo.

Treinamento antienvenenamento

Infelizmente existem pessoas desumanas que envenenam animais por maldade ou se utilizam desse recurso para assaltar residências. Muitas vezes estas atrocidades acontecem em série em um bairro ou região. Se existe esse risco, é importante que você faça o treinamento antienvenenamento. Não permitir que seu cão fique no portão também é uma boa medida de segurança: o cão que fica dentro de casa oferece mais segurança para você e corre menor risco de envenenamento.

Comece deixando pedaços de carne e biscoitos no quintal, enquanto caminha perto deles com seu cão na guia. Em qualquer tentativa que seu cão faça de cheirar ou abocanhar um deles, você deve dar um tranco forte e rápido na guia ou fazer barulho com um objeto batendo no chão, próximo ao focinho dele. É importante que a bronca seja um susto. Você deve insistir até ele mostrar que está claramente evitando a comida, o que acontece quando ele não mais olha nem passa por cima dos pedaços. Repita o exercício com uma guia longa e depois sem guia. Aos poucos vá se distanciando do animal, mas tenha segurança de que seu cão não irá tentar comer e que você conseguirá impedi-lo, caso tente. Não é necessário falar "não" ou qualquer outra palavra, pois ele deve evitar o alimento mesmo quando você não estiver lá para falar com ele.

O segundo trabalho, mais difícil, será convencer seu cão de que, mesmo sem ninguém por perto, ocorrerá algo desagradável se ele tentar pegar a comida. Para isso é necessário primeiramente muita repetição em diferentes situações; depois, enquanto deixamos um alimento, devemos nos esconder de forma que possamos jogar algo barulhento de longe, caso o cão tente se alimentar. Isso também deve ser repetido em diferentes situações até estarmos totalmente seguros de que o cão está evitando a comida. O processo deve ser repetido de tempos em tempos para termos certeza de que o cão ainda está convencido de que é "perigoso" comer alimentos deixados no chão.

Outra maneira de ensinarmos os cães a não pegar alimentos que surgem no quintal é por meio do uso de choques elétricos. Com a utilização desse recurso, o cão aprenderá rapidamente que, mesmo sem a presença de alguém, não vale a pena tentar comer alimentos deixados no chão. Em geral a palavra "choque" causa arrepios nos proprietários de cães, mas a sensação que seu cão terá será parecida com aquela que sentimos quando tomamos um choque no chuveiro ou os de "truques" de mágica. É claro que é desagradável, mas deve ser um choque leve, de forma alguma ferindo ou traumatizando o animal, sendo bem melhor do que correr o risco do envenenamento.

Para o preparo correto do uso de choques para este treinamento, é indispensável que se chame um profissional qualificado e com experiência. Os cães apresentam sensibilidade variável à intensidade do choque. É importante utilizarmos uma intensidade adequada, começando com uma bastante pequena e só aumentar se for mesmo necessário.

Treinamento para exposições

As exposições são, na realidade, competições que possuem como finalidade avaliar e escolher os exemplares caninos que mais se aproximam do padrão da raça. Somente cães registrados, ou seja, com *pedigree*, podem participar dessas competições. Muitas vezes possuímos um cão lindo, mas que de alguma forma não está totalmente caracterizado no padrão ideal da raça. Não se preocupe com isso: ganhar uma competição de beleza não é essencial, mesmo que você queira reproduzir seu animal. O que você precisa é saber se por acaso ele não possui algum defeito grave, tais como displasia, prognatismo etc., que não deve ser passado aos descendentes, comprometendo a qualidade de vida destes. Uma boa dica é levar o cão para ser avaliado por um juiz ou criador experiente. Se você comprou o cão de um canil conceituado, o criador terá todo prazer em avaliá-lo e informar se ele possui as qualidades necessárias para participar de uma exposição (*show quality*) ou indicar um par adequado para a reprodução.

As exposições de algumas raças são extremamente competitivas, sendo necessária a contratação de um profissional especializado para o preparo e a apresentação em pista, chamados *handlers*.

Filhotes podem ser apresentados pelo proprietário mesmo sem experiência, e, nesse caso, a maneira de apresentar o cão não é decisiva.

Cada raça possui cuidados especiais com a pelagem e uma maneira correta de se apresentar. Cães pequenos podem ser avaliados em cima de uma mesa, enquanto os grandes ficam no chão.

Algumas premissas são comuns a todos: os cães devem aprender a ficar parados em pé e devem deixar ser tocados por estranhos. Devem deixar, inclusive, que a sua boca seja aberta para que o tipo de mordida e os dentes possam ser avaliados.

O cão deve se mostrar tranquilo e autoconfiante. O comportamento em pista é decisivo: acostumar seu cão ao ambiente das exposições é essencial.

Os cães precisam aprender a ficar parados em pé. Você pode começar ensinando o cão a obedecer o comando "stay!". Para isso, mostre um petisco e, se seu cão se sentar, faça que ele dê um passo até ficar em pé e recompense-o. Se o cão insiste em sentar em seguida, passe a mão por baixo de seu corpo e impeça-o. Cada vez que ele parar alguns segundos em pé, recompense-o com um petisco. Aumente gradativamente o tempo até que você consiga se afastar alguns passos e o cão fique parado em pé. Diga a palavra "stay" no início e depois de cada recompensa.

Pode ser que seu cão não pare na posição correta em que deve ser avaliado. É útil ensiná-lo a deixar que ajeitem suas patas, mantendo-se imóvel na posição em que for colocado. Após ensinar o "stay", acostume seu cão a deixar que seja tocado sem se mexer: só o recompense se ele permitir ser tocado. Peça ajuda para alguém, simulando o toque do juiz enquanto você se preocupa em corrigi-lo e recompensá-lo. Se o cão se deixar ser tocado tranquilamente, passe a mexer levemente na posição de suas patas, recompensando-o cada vez que ele não mudar de posição após a sua interferência.

Em geral, petiscos ou brinquedos são usados na pista para que ele posicione corretamente a cabeça, as orelhas, o pescoço etc. Assistir a algumas competições antes de participar com seu cão irá ajudá-lo a perceber este e outros truques usados para fazê-lo se apresentar da melhor forma possível.

Você também verá que seu cão terá de fazer um trajeto para que o juiz avalie sua movimentação e que as guias utilizadas são sempre bem fininhas e colocadas no alto do pescoço dos animais. Acostume seu cão a acompanhá-lo, usando esse equipamento e mantendo o pescoço dele sempre bem elevado. Você e seu cão devem trotar no mesmo ritmo, e ele não poderá se desconcentrar, parando para cheirar o chão ou outros cães.

Adquirir títulos em exposições valoriza o cão e suas ninhadas. No caso dos machos, isso ajuda muito no processo de encontrar "namoradas", caso você queira reproduzi-lo. Quem já tentou encontrar uma fêmea para acasalar sabe que não é uma tarefa fácil.

Treinamento de ataque

Muitas considerações devem ser feitas antes de se optar pelo treinamento de ataque que consiste em ensinar o cão a atacar e soltar sob comando do dono, ou treinador, e "cuidar" do agressor até as devidas medidas serem tomadas.

Este treinamento foi desenvolvido pela polícia para ajudá-los na patrulha. De uma forma geral, os cães possuem um instinto nato de proteção aos seus entes queridos e um animal equilibrado não necessita aprender a defendê-lo.

Existe um trabalho de adestramento chamado Schutzhund, que visa treinar e avaliar a capacidade dos cães para proteção. É um trabalho sério e importante que tem um papel fundamental na manutenção de linhagens com comportamento equilibrado para desempenhar esta função. Praticar este esporte pode ser muito bom para você e seu cão, desde que você seja um treinador dedicado e seu cão apresente as características ideais para a aprendizagem, especialmente o equilíbrio de temperamento.

Se você precisa de um cão que defenda sua família e propriedade comece escolhendo uma boa linhagem, pois a coragem e o comportamento equilibrado são os fatores mais importantes. Em seguida, é preciso que o cão seja bem socializado. Lembre-se sempre: deixar o cão preso para torná-lo mais agressivo é um erro fatal, pois você terá um cão louco, que ataca qualquer um. O bom cão de guarda sabe reconhecer uma situação perigosa e pode tranquilamente conviver com as visitas.

Cães medrosos são extremamente perigosos: treiná-los para o ataque não os fará adquirir coragem mas assim atacar por sentir ainda mais medo. O ataque por medo não mede consequências: o cão pode usar uma força maior do que a necessária para a imobilização e será mais difícil fazê-lo parar.

Nunca treine seu cão para o ataque se você não é uma pessoa com pulso firme, que sabe manter o cão sob controle. Os cães aprendem a gostar de atacar e se não estiver bem claro que o líder é você, acidentes graves podem acontecer.

Se você decidiu ensinar seu cão para atacar, escolha a melhor ajuda possível para fazê-lo. Procure ter referências sólidas sobre o adestrador e a técnica usada. Sempre participe do treinamento, pois o cão deve aprender a obedecer você e mais ninguém. Nunca aceite ensinar em locais públicos, pois a segurança é o ponto mais importante neste treinamento.

Esportes e competições

Participar de um esporte é tão ou mais importante para o cão quanto é para nós seres humanos. Nós estudamos, trabalhamos, formamos uma família e sabemos que o esporte traz bem-estar e saúde. Os cães possuem uma vida muito restrita e quase sempre sedentária. Os esportes caninos podem suprir a necessidade dos cães de dar vazão aos seus instintos. Hoje em dia todo o treinamento é baseado em diversão: se você assistir a uma prova de *agility* ou pastoreio, por exemplo, verá que os cães estão sempre ansiosos por competir, e o fazem com prazer.

Praticar esportes também é divertido para os proprietários, pois em geral o cão os impressiona com suas habilidades e inteligência. A relação homem *versus* animal se solidifica, e o respeito e a obediência do cão ao dono melhoram significantemente.

Atualmente existe uma série de modalidades, algumas específicas para certas raças, outras abertas a qualquer tipo de cão. Muitas são recentes aqui no Brasil, mas a tendência é que ganhem espaço e novos esportes sejam criados ou trazidos de outros países para suprir a necessidade dos cães e a nossa, por interação e saudável diversão.

Conheça algumas das modalidades existentes, escolha a que mais combina com você e seu cão e não perca tempo!

Agility

O *agility* é o esporte canino que mais cresce no mundo. No Brasil não é diferente: em menos de dez anos conseguimos modernizar nossa técnica e hoje somos o país mais competitivo da América do Sul, passando a conseguir bons resultados nos campeonatos mundiais.

O esporte é parecido com o hipismo, no qual teve a sua origem. Os cães devem transpor de doze a vinte obstáculos, sem cometer faltas e dentro do tempo-limite. A maioria dos obstáculos é formada por saltos, mas também existem túneis, rampa, passarela, gangorra, entre outros.

A pista é percorrida em dupla, condutor-cão. O condutor não pode tocar no cão e o cão não pode usar coleira, guia ou qualquer outro equipamento. É um esporte de muita técnica, e não só de velocidade, como pode parecer. Os movimentos do condutor indicam o tempo todo o obstáculo que o cão deve transpor, pois, se o cão transpuser o obstáculo errado, ele estará imediatamente desclassificado. A pista muda a cada prova, e é dado um tempo para os condutores reconhecerem a pista e escolherem como irão conduzir seu cão em cada trecho.

Crédito: www.essfta.org

Agility

Parece difícil, mas em pouco tempo de treino é possível ensinar os obstáculos principais e participar de provas para iniciantes.

Já existem centros de treinamento nas principais cidades do país e também em muitas cidades menores. Assista a um campeonato e veja quanto as pessoas e os cães se divertem.

Pastoreio

O pastoreio é um dos trabalhos caninos que até hoje não pôde ser superado pela tecnologia. Muitos criadores de gado e principalmente de ovelhas ainda utilizam a ajuda dos cães no manejo de seu rebanho.

Com base nesse trabalho, foi criada uma competição em que a habilidade dos cães e do condutor é avaliada. Assim, é um esporte específico para cães pastores como os Border Collies ou Pastores de Shetland. Esses cães possuem uma impressionante habilidade natural para o pastoreio, e para eles não existe nada mais maravilhoso do que poder dar vazão aos seus instintos.

Este esporte tem mais adeptos na região sul do país, em virtude da tradição na criação de ovelhas. As raças para este tipo de pastoreio estão se tornando cada

Crédito: Matuiti Mayezo/Folha Imagem

Pastoreio

vez mais comuns mesmo nas grandes cidades, por serem consideradas mais "inteligentes", e o esporte está ganhando espaço também nas proximidades dos centros urbanos.

Schutzhund

A palavra *Schutzhund* significa "cão de proteção", em alemão. O *Schutzhund* é um esporte praticado há muito tempo no Brasil. Seu objetivo é demonstrar e avaliar a capacidade para o trabalho de raças de guarda, e consiste no treinamento de obediência, faro e proteção.

Quanto ao faro, é testada a capacidade de o cão seguir um rastro deixado por seu condutor ou outra pessoa. Com relação à obediência, o condutor deve demonstrar o controle de seu cão em exercícios como os comandos "junto!", "deita!", "fica!" e a "busca de objetos". Na parte de proteção são feitas simulações nas quais o cão deve procurar um figurante e defender a si e a seu condutor, atacando e soltando sob comando.

Aqui no Brasil, as raças Pastor-alemão e Rottweiller são as mais utilizadas, e suas associações promovem um grande número de provas e cursos. Entrar em contato com algumas delas é uma boa maneira de obter mais informações.

Frisbee

Muitas pessoas jogam discos (*frisbees*) como uma forma de exercitar e divertir seu cão. Quem gosta desta prática pode evoluir o treinamento para uma das modalidades como o *Frisbee Freestyle*, ainda recente no Brasil. Nesta modalidade é criada uma rotina em que uma pessoa atira um ou mais discos de diversas formas ao cão, fazendo movimentos variados. A pessoa deve aproveitar de toda a sua criatividade e das habilidades dos cães para criar uma rotina interessante e produzir uma coreografia no ritmo de uma música.

Crédito: Daniela Sanzi

Frisbee

É um esporte para cães ágeis e cheios de energia, devido ao grande número de saltos e acrobacias. Sendo assim é importante ter certeza de que o cão está em ótimo estado de saúde.

Ainda há poucos praticantes brasileiros, mas você pode começar treinando em casa. Aprender a atirar corretamente o disco é o primeiro desafio e não é tão fácil como parece.

Como já existem profissionais do exterior para introduzir a prática no Brasil, a tendência é de que esse esporte ganhe terreno rapidamente.

Mondioring

Este é um esporte relativamente novo, criado na década de 1980. Também voltado para proteção, envolve alguns exercícios similares ao *Schutzhund*, embora num grau maior de complexidade. Nele é exigido ainda mais controle do condutor sobre o cão, pois os exercícios mudam de ordem conforme a vontade do juiz, e existe também uma etapa de saltos. O cão pode chegar a ter de completar 17 exercícios sem interrupção, num tempo aproximado de 45 minutos.

O *Mondioring* é realmente um esporte para quem gosta de desafios e para demonstrar o temperamento e condição física dos cães.

Mondioring

Game dog

O *Game dog* é um conjunto de provas de força e resistência popular entre criadores e proprietários de Pitbulls e seus parentes como o American Stafordshire.

São provas de tração, escaladas, salto em distância e altura, velocidade, mordedura, cabo de guerra, mergulho e natação, entre outras. Por isso, é um esporte para cães e pessoas atléticas.

Flyball

O *Flyball* é um esporte exclusivamente de velocidade. Dois times de quatro cães competem simultaneamente numa prova de revezamento, na qual cada cão deve correr por uma linha de quatro saltos, bater a pata numa caixa que libera uma bolinha, pegá-la com os dentes e trazê-la de volta pelos obstáculos.

Crédito: http://www.westondogclub.org/images/FB_Bailey2.jpg

Flyball

É um esporte novo no Brasil, mas nos Estados Unidos já se tornou muito competitivo. Os times misturam cães de qualquer tamanho ou raça e os obstáculos seguem a altura do menor cão do time.

Freestyle

O *Freestyle* ou *Musical freestyle* é uma modalidade que envolve obediência e dança. O proprietário do cão cria uma coreografia utilizando movimentos variados do cão, executados ao som de uma música.

Qualquer cão pode participar.

Muitas vezes a dupla (dono e cão) se caracteriza com algum estilo ou personagem (cowboy, chaplin etc.) e a criatividade da coreografia e seu ritmo são os fatores mais importantes, além da complexidade dos movimentos.

É um esporte muito divertido que pode ser feito por pessoas e cães de qualquer idade, mesmo por pessoas portadoras de deficiência física.

Rally de obediência

Este é outro esporte recentemente introduzido no Brasil que tem como principal objetivo testar a obediência de uma maneira mais divertida do que as provas tradicionais. No *Rally* as provas se parecem com uma gincana, na qual condutor e cão devem passar por uma série de estações onde é indicado o exercício que o cão deve realizar. Os exercícios incluem os testes tradicionais de obediência como comandos "junto!", "senta!", "fica!" e outros como retornos, giros e saltos.

As provas podem ou não ser cronometradas e a pista é montada pelo juiz, sendo diferente em cada competição.

Rally de obediência

Benefícios do convívio com cães

A cada ano são feitas mais descobertas sobre os benefícios do convívio com animais de estimação, entre os quais os cães despontam em primeiro lugar. Veja a seguir alguns dos benefícios que já foram comprovados cientificamente.

* Pessoas que convivem com animais apresentam menor pressão arterial, taxa de colesterol e triglicérides.
* Proprietários de animais dificilmente adquirem pequenas enfermidades.
* Quem convive com animais apresenta melhor equilíbrio psicológico.
* Idosos que convivem com animais vão menos ao médico.
* Proprietários de cães apresentam melhor condição física por passearem com seus animais.
* Ter um cão diminui a mortalidade por ataque cardíaco.
* Quem tem um animal sofre menos de solidão e sensação de abandono.
* Crianças que convivem com cães lidam melhor com doenças sérias e morte na família.
* Crianças que convivem com animais possuem maior autoestima e melhor capacidade cognitiva.
* Crianças, com menos de um ano, expostas ao convívio com animais apresentam menos rinite alérgica e asma.
* Crianças que possuem cães são mais sociáveis.

Esta relação é apenas uma amostra, pois os benefícios são inúmeros. Alguns profissionais da saúde, como médicos e psicólogos, já indicam a aquisição de um animal como parte da terapia.

Por mais trabalho que um cão possa dar, não se compara aos benefícios que ele oferece.

Seu cão pode ajudar e muito

Quem aproveita os benefícios do convívio com cães pode estender este bem-
-estar a muitos outros que estão precisando.

Existe uma variedade muito grande de formas de ajudar. Psiquiatras, psicólogos, fisioterapeutas e outros profissionais estão utilizando seus próprios animais
em seus consultórios como coterapeutas.

Várias entidades promovem visitas de voluntários com seus animais aos mais
variados tipos de instituição, asilos, hospitais, orfanatos, creches etc.

Tudo o que você precisa é ter um cão autoconfiante, paciente, sociável e
educado para participar.

Conheça um pouco mais.

Crédito: Acervo da Obihacc

26A – Dona Luciana com Paraná (*Lar Vivência Feliz*)
26B – Dona Jandira com Augusta (*Recanto da Vovó*)
26C – Dona Stefânia com Buby (*Recanto da Vovó*)
26D – Dona Rute com Luna (*Casa dos Velhinhos
de Ondina Lobo*)

Atividade Assistida por Animais ou Pet Terapia

O que antes era conhecido como Pet Terapia hoje recebe o nome de Atividade Assistida por Animais (AAA). Nesta atividade procura-se estender os benefícios gerados pelo contato dos cães por meio de visitas de voluntários e seus animais. Na AAA o que importa é a interação, e não existe um tratamento específico em vista. É a melhor maneira de iniciar este tipo de trabalho com um cão. Pode ser que exista um tipo de paciente ideal para o temperamento de seu cão: um cão que visita idosos pode ser mais calmo e carinhoso, enquanto outro que visita uma creche, por exemplo, pode ser um pouco mais agitado e "louco por bolinhas".

As entidades que promovem este trabalho fazem uma avaliação prévia do comportamento do cão e muitas vezes oferecem aulas de adestramento e cursos para quem deseja ser um voluntário.

Terapia Assistida por Animais

Diferente da AAA, a Terapia Assistida por Animais (TAA) possui um fim terapêutico específico. O animal realmente participa da terapia com uma meta a ser atingida. Várias áreas da saúde podem utilizar os cães como coterapeutas, melhorando significativamente o resultado da terapia. Na fisioterapia, por exemplo, os cães realizam exercícios como buscar e entregar uma bolinha, caminhar com o paciente, se deixar escovar e responder comandos por gesto.

O adestramento básico pode ser suficiente para o cão ingressar nesse tipo de trabalho, sendo algumas vezes necessário um adestramento específico. É um trabalho mais avançado, sendo por isso importante que o cão goste do que esteja fazendo, pois ele não deve sair estressado ou cansado demais: além de não ser justo com o animal, o trabalho será prejudicado.

Assistência a deficientes

Muitas vezes o próprio portador de deficiência pode adestrar seu cão para ajudá-lo no dia a dia. Por exemplo, quem possui deficiência auditiva pode ensinar seu cão a avisar quando a campainha ou despertador tocou ou quando alguém chama por seu nome, entre outras atividades. Um paraplégico pode ensinar seu cão a recolher objetos do chão e lhe entregar, abrir portas, guardar objetos e muito mais. Estes treinamentos são todos baseados em recompensas e seu cão ficará feliz em ajudar.

Crédito: Adriana Elias/Folha Imagem

Seu cão pode ajudar e muito

Assistência a deficiente visual: aqui a cachorra Nina posa junto ao seu
dono, o economista Luiz Alberto, em São Paulo

Hoje já existem no Brasil adestradores capacitados a ajudar neste tipo de trabalho. No entanto, procure um profissional que seja especializado no trabalho por meio de reforços positivos.

Curiosidades sobre os cães

A inteligência

Comparar a inteligência dos cães não apenas é difícil como injusto. As raças foram selecionadas durante anos para determinadas características. Assim, enquanto uma raça tem mais facilidade em realizar determinada atividade, outra terá melhor desempenho em uma tarefa distinta.

Existem algumas listas que classificam as raças por ordem de inteligência. A mais divulgada foi feita por meio de uma pesquisa com juízes de obediência e compara a obediência dos cães em vez da inteligência. Nessa classificação ficaram em primeiro lugar as raças:

1. Border Collie
2. Poodle
3. Pastor-alemão
4. Golden Retriever
5. Dobermann Pinscher
6. Pastor de Shetland
7. Retriever do Labrador
8. Papillon
9. Rottweiller
10. Australian Cattle Dog
11. Pembrook Welsh Corgi
12. Schnauzer Miniatura

E em últimos lugares estão:

106. Borzoi
107. Chow-Chow
108. Bull Dog
109. Basenji
110. Afghan Hound

Obs.: Esses dados foram retirados do livro *The intelligence of dogs*, de Stanley Coren.

Se você pretende participar de algum tipo de competição, pode ser útil escolher uma das raças do topo da lista como companheira. Se simplesmente quer um companheiro para a família, pode ser recomendável um Afghan Hound, que é mais calmo e independente do que um Border Collie, animal extremamente agitado e que exige muita atividade e atenção.

Em uma outra pesquisa foi comparada a habilidade de resolver determinados problemas entre algumas raças. Um dos testes era comparar quão rápido os cães conseguiam sair de um labirinto. Nesse teste, os Beagles conseguiram desempenho superior ao dos Pastores de Shetlands e Fox Terriers, considerados "mais inteligentes". Estas últimas duas raças apresentaram mais facilidade em atividades nas quais era necessário se condicionar a uma rotina. Os Beagles se mostraram cães mais "criativos", pois seu comportamento é mais variável, enquanto os Pastores de Shetland e os Fox Terriers se mostraram mais facilmente condicionáveis.

E quanto à inteligência dos SRD (Sem Raça Definida) ou os famosos "Vira-latas"? Será verdade que eles são os cães mais inteligentes?

Um cão sem origem definida é sempre uma caixinha de surpresas, mas existem alguns motivos para eles serem realmente não só mais inteligentes como fisicamente mais resistentes do que as raças puras.

Um dos motivos é que muitos passam por uma forte seleção natural. Os cães que vivem nas ruas precisam se adaptar a essa difícil situação, e, muitas vezes, apenas os mais fortes e inteligentes sobrevivem.

Outro motivo é que, geneticamente, quanto maior for a quantidade de genes heterozigotos (diferentes), tanto mais forte será o animal. Por esse motivo, não se deve cruzar parentes próximos, pois isso pode acarretar uma série de defeitos genéticos e animais mais fracos. Por isso, um cruzamento entre duas raças diferentes tem sempre probabilidade maior de ter mais qualidade do que seus pais de raça pura.

O olfato

O mundo dos cheiros é para nós apenas uma parcela mínima do que é para os cães. Chega a ser difícil para um humano compreender quanto o olfato dos cães é capaz de "enxergar".

Os cães possuem por volta de 40 vezes mais sensores olfativos do que os seres humanos, e sua habilidade para distinguir odores é estimada como sendo 1 milhão de vezes superior à nossa.

O sistema olfativo dos cães é tão incrivelmente aguçado que, aliado à sua capacidade de treinamento, torna possível a utilização de cães em uma série de trabalhos que até hoje não podem ser substituídos por nenhum tipo de tecnologia. É o caso de busca e salvamento de pessoas perdidas ou soterradas, da identificação de substâncias ilegais, explosivos e vazamentos de gás e muitos outros serviços importantíssimos. Hoje, inclusive, existem cães que aprenderam a farejar a presença de melanomas, identificando o problema antes que ele se torne visível.

A visão

Um dos mitos mais difundidos sobre os cães é que eles enxergam em preto e branco. Na realidade, podemos dizer que eles são "daltônicos", ou seja, não enxergam as cores da mesma forma que nós: eles confundem algumas das tonalidades que para nós são completamente diferentes.

Cores como verde e vermelho são mais facilmente confundidas do que vermelho e azul, por exemplo. Isto ocorre com os cães pelo fato de eles serem especializados em caçar à noite. Sua visão noturna é muito melhor do que a nossa e as cores não são tão importantes no escuro.

Outra diferença entre a visão canina e a nossa é que os cães enxergam mais quadros por segundo do que nós. Movimentos que passam despercebidos aos nossos olhos são rapidamente captados pelos olhos dos cães. Para você ter uma ideia do que isso significa, a imagem da televisão, que para nós parece uma mesma imagem em movimento, para os cães é como uma sucessão de *slides*, separados com uma pequena pausa entre si.

Os cães também não possuem a nossa capacidade para enxergar detalhes: para eles as páginas deste livro são uma enorme mancha cinza e não caracteres separados uns dos outros.

A audição

A capacidade auditiva dos cães é outro sentido que supera o dos seres humanos. Eles conseguem ouvir a uma distância quatro vezes maior do que nós e também conseguem diferenciar melhor os sons. O barulho do carro, que ouvimos quase como um único ruído, é facilmente desmembrado pelos cães. Estes são os principais motivos que os fazem perceber a chegada de alguém conhecido muito antes de nós.

O cão em nossa casa

Os cães também ouvem sons em frequências que não conseguimos ouvir. Nosso capacidade vai de 16 a 20 mil Hertz enquanto a dos cães vai de 10 a 40 mil Hertz. Por isso, podem ser empregados os apitos de ultrassom no treinamento canino: estes apitos não incomodam o ouvido dos cães como muitos pensam, mas produzem um som que apenas eles podem ouvir.

Noções de Primeiros Socorros

Quem tem um animal de estimação em casa, de qualquer espécie, não está livre de que ele sofra algum tipo de acidente. O objetivo deste capítulo é orientar o proprietário quanto às medidas de primeiros socorros que devem ser adotadas no caso de alguma emergência, até que se chegue a uma clínica veterinária para ser atendido.

Em casos de acidentes e emergências, a primeira medida a ser tomada é manter a calma e avaliar os parâmetros gerais do animal, citados a seguir.

• **Temperatura:** a temperatura do cão pode ser avaliada introduzindo-se o termômetro em seu ânus e aguardando três minutos. Os parâmetros normais para um cão ficam entre 38,5°C e 39°C.

• **Batimentos cardíacos:** colocando-se a mão do lado esquerdo do cotovelo do animal (entre a terceira e quinta costela), pode-se contar o número de batimentos cardíacos por minuto. No cão, a média normal é de 70 a 130 batimentos por minuto.

• **Movimentos respiratórios:** para avaliar os movimentos respiratórios, observe o ritmo de inspiração e expiração e conte durante 1 minuto. Nota: conta-se apenas cada inspiração. A média normal para cães é de 10-40 movimentos respiratórios por minuto.

• **Reflexo palpebral:** teste o reflexo palpebral tocando delicadamente o canto das pálpebras (nunca o globo ocular). Ele piscará automaticamente se estiver consciente.

• **Coloração das mucosas:** as mucosas dos animais devem sempre ter uma coloração vermelho-rosada. Mucosas com coloração muito clara ou quase brancas significam que o animal perdeu sangue, seja por um processo crônico (como anemia, por exemplo) ou agudo (hemorragias graves, entre outros).

• **Verificar se o animal entrou em estado de choque:** o estado de choque significa a falta de suprimento sanguíneo para os órgãos vitais e pode levar o animal à morte se não for socorrido a tempo. Os sintomas de um animal em choque são hipotermia (temperatura abaixo do normal e extremidades do corpo tais como patas e orelhas geladas); respiração e batimentos cardíacos acelerados e mucosas pálidas.

Medidas de emergência a serem adotadas

• **Choque:** deve-se imediatamente deitar o animal de lado e aquecê-lo. A cabeça e o tronco devem ficar mais baixos do que o corpo do animal, para garantir o suprimento de sangue aos órgãos vitais. Se houver obstrução das vias respiratórias (boca e focinho), faça a desobstrução tirando toda a secreção presente. No caso de hemorragias, devem ser estancadas o mais rápido possível.

• **Massagem cardíaca:** deite o animal sobre o lado direito e faça uma leve pressão com a mão sobre o coração do animal (no mesmo local onde são avaliados os batimentos cardíacos). Deve-se fazer um movimento por segundo durante 60 segundos, e observar se os batimentos voltam. Em caso de cães muito pequenos, faça a massagem com a ponta dos dedos até a volta dos batimentos, ou até a chegada ao veterinário.

• **Respiração artificial:** deite o cão sobre o lado direito, eleve sua cabeça, segurando a sua boca fechada, e assopre em suas narinas até inflar os pulmões (o tórax do animal se eleva). A seguir, abaixe a cabeça do cão e pressione o tórax delicadamente para tirar o ar dos pulmões. Faça esse procedimento oito a dez vezes por minuto, até o animal voltar a respirar.

Se o animal tiver uma parada cardiorrespiratória, ou seja, se ele deixar de respirar e ao mesmo tempo o coração parar de bater, faça uma respiração artificial intercalada com seis massagens cardíacas, até os parâmetros voltarem ou até o animal chegar a uma clínica veterinária.

A seguir serão relatados os acidentes e emergências mais comuns que podem ocorrer com um cão, bem como as primeiras medidas de socorro a serem adotadas.

Hemorragias: perdas de sangue sofridas pelo animal, podendo ser devido a algum traumatismo (em caso de brigas, cortes por arame farpado, cacos de vidro etc.), ou por doenças (como a erliquiose, por exemplo). As hemorragias podem ser agudas (perda rápida de sangue) ou crônicas (perda lenta), e também podem ser externas (a perda de sangue pode ser visualizada) ou internas (quando não é possível visualizar a perda de sangue).

No caso de hemorragias externas, deve-se fazer uma pressão com uma compressa limpa no local da lesão, a fim de parar o sangramento, e levar o animal à clínica veterinária mais próxima, para tratamento da lesão e sutura, se for necessário.

Choques elétricos: é muito comum filhote morder tomadas e fios elétricos e sofrer queimaduras. Se ele permanecer conectado após o choque, desligue a rede elétrica e avalie os parâmetros gerais. Se necessário, faça os procedimentos de emergência (massagem cardíaca e/ou respiração artificial).

Verifique também a boca e língua (é comum sofrer queimaduras nesses locais) e leve-o imediatamente a uma clínica veterinária.

Atropelamentos: avalie os parâmetros gerais e, se necessário, adote as medidas de emergência. Em casos de fraturas e de muita dor, procure improvisar uma maca com uma toalha ou lençol, e manipule o mínimo possível o animal até chegar a uma clínica veterinária.

Queimaduras: além das queimaduras por choques elétricos, os cães também podem sofrer queimaduras por produtos químicos, água fervente, fogo etc. Independentemente do grau da queimadura, é um processo extremamente dolorido. Nunca use pasta de dentes, unguentos etc. no local da lesão, pois você poderá piorar o estado do animal. Apenas lave o local com solução fisiológica fria e leve-o imediatamente à clínica veterinária.

Envenenamento: em caso de suspeita de envenenamento, o animal deve ser levado imediatamente a uma clínica veterinária. Se possível, leve o nome do veneno ingerido ou qualquer material suspeito encontrado no local onde o cão estava, para análise do tipo de veneno. Alguns tipos de veneno não possuem antídoto, mas quanto mais informações forem dadas ao veterinário (local em que estava o animal, há quanto tempo aconteceu, ocorrência de vômito etc.), ele poderá indicar a medicação mais adequada.

Picadas de cobra e aranha: nestes casos, nunca faça um torniquete no local da lesão, pois, no caso de picadas de cobra, o veneno ficará retido no local, podendo necrosar a pele do animal. Procure manter o animal o menos agitado possível e coloque gelo no local da lesão. Leve-o a uma clínica veterinária imediatamente.

Como recomendação, na eventualidade desses acontecimentos, sugere-se que o proprietário tenha em casa o telefone e o endereço do veterinário de seu cão, em um local de fácil localização por todos os moradores da casa. Assim, caso ocorra algum acidente e o dono não esteja por perto, qualquer pessoa presente saberá para onde levar o animal. Da mesma forma, sugere-se que, além do telefone do veterinário específico do cão, anote-se também o nome, telefone e endereço de uma clínica ou hospital veterinário 24 horas próximo de onde mora, para casos em que não se consiga contatar o veterinário conhecido.

Quando viajar com seu animal, principalmente para regiões de sítios e fazendas, procure se informar de alguma clínica veterinária próxima do local onde seu animal poderá ser socorrido se ocorrer alguma emergência.

Referências bibliográficas

BIRCHARD, Stephen J. *Manual Saunders:* clínica de pequenos animais. São Paulo: Roca, 2008.

CANIN, Royal. *Enciclopédia do cão*. Aniwa Publishing, 2001.

ETTINGER, Stephen; FELDMAN, Edward. *Textbook of veterinary internal medicine*. WB Saunders, 1994.

GOLDSTON, Richard T.; HOSKINS, Johnny D. *Geriatria e gerontologia do cão e do gato*. São Paulo: Roca, 1999.

GREENE, Craig E. *Infectious diseases of the dog and cat*. WB Saunders, 2006.

HOSKINS, Johnny, D. *Pediatria veterinária:* cães e gatos do nascimento aos seis meses de idade. Rio de Janeiro: Interlivros, 1997.

MANUAL TÉCNICO DA BAYER: Drontal Plus: informação do produto.

NELSON, Richard W.; COUTO, C. Guilhermo. *Medicina interna de pequenos animais*. Elsevier, 2010.

REVISTA CLÍNICA VETERINÁRIA. *Pessoas imunocomprometidas e animais de estimação*. Ano VI, n. 30, p.17-22, 2001.

STOCKMAN, Mike. *Dog breeds of the world*. Roy P. Jensen Inc., 1999.

THE MERCK VETERINARY MANUAL. Eighth Edition, 1998.

www.fci.be
www.saopaulo.sp.gov.br
www.legislacao.sp.gov.br/legislacao/index.htm
www.senado.gov.br
www.camara.gov.br

Impresso por :

gráfica e editora

Tel.:11 2769-9056